**Rote Rosen & zerbrochene Herzen
Konflikte in der Partnerschaft lösen**

Rote Rosen & zerbrochene Herzen
Konflikte in der Partnerschaft lösen

Von Ulrich Beer

Lebenshilfe & Psychologie

humboldt-Taschenbuch 1066

Der Autor:
Prof. Dr. Ulrich Beer, Autor vieler erfolgreicher Sachbücher, Studium der Psychologie und Philosophie, hat jahrzehntelange Erfahrung als freipraktizierender Psychologe. Bekannt wurde er u. a. als Psychologe der Fernsehsendung „Ehen vor Gericht".

Umwelthinweis: gedruckt auf chlorfrei gebleichtem Papier

Hinweis für den Leser:
Alle Informationen wurden von Autor und Verlag sorgfältig überprüft.
Dennoch kann eine Gewähr nicht übernommen werden.

Umschlaggestaltung: Wolf Brannasky, München
Umschlagfotos: Fotostudio Peter Bornemann, München

© 1996 by Humboldt-Taschenbuchverlag Jacobi KG, München, für die Taschenbuchausgabe
© 1993 by mvg-verlag im verlag moderne industrie, München/Landsberg am Lech für die Originalausgabe „Geschlechterkampf – Geschlechterfriede. Der Weg aus der Partnerschaftsmisere"
Druck: Graphische Betriebe Langenscheidt, Berchtesgaden
Printed in Germany

ISBN 3-581-67066-6

Inhalt

Vorwort 7

Der Kampf der Geschlechter 8
Der Kampf des Menschen mit sich selbst 9
Die Spannung von Nähe und Distanz 12
Der Unterschied der Geschlechter 17
Siegen Frauen anders? 21
Teilung der Geschlechter? 24
Scheidung: Ehe-Emanzipation? 28
Statt Nivellierung: Differenzierung 32

Die Kriegsspiele der Partner 35
„Wippschaukel": Der Rollenwechsel 35
„Spitzbubenleiter": Wenn ein Partner ausgebeutet wird 44
„Almrausch": Wir sind über den Berg – ab jetzt geht es bergab 60
„Spinnenweibchen": Auch Verlierer verfolgen Strategien 77
„Laufmasche": Vom Zwang zur Wiederholung 86
„Tunnelbau": Die schicksalhafte Verfehlung 97
„Quadratur": Der Kreis, der sich nicht schließt 103
„Kindertheater": Das Tauziehen hinter den Kulissen .. 113
„Glashaus": Immer nur der eine? 121

Die Strategien des Friedens 127

Konflikte — ihre Entstehung und Struktur 128
Austausch verlangt Zuhören 134
Das einfühlsame „aktive Zuhören" 138
Streit kann und muß sein — aber wie? 143
Unsere Unvollkommenheit macht Frieden möglich ... 149
Friede schließt Gewalt aus 154
Lassen sich Konflikte vermeiden? 159
Die Chance der Beratung 164
Zehn Todsünden der Partnerschaft 173
Zehn Unarten, die Frauen an Männern nicht mögen .. 176
Zehn Unarten, die Männer an Frauen nicht mögen ... 183

Anhang 188

Wie bedroht ist Ihre Partnerschaft? 188

Vorwort

Wer seit mehr als dreißig Jahren Paare berät und als Psychologe in über siebzig Sendungen die Fernsehserie *Ehen vor Gericht* kommentiert, wer darüber hinaus Erfahrungen aus zwei eigenen Ehen und Einblick im privaten Umkreis in unzählige Partnerschaften hat, muß beides wohl nicht mehr begründen: erstens, daß die Beziehung der Geschlechter aus einer nicht endenden Vielzahl offener oder geheimer Kämpfe besteht und, daß zweitens die kämpfenden Partner zugleich keine tiefere Sehnsucht im Herzen tragen, als daß am Ende doch einmal Frieden herrsche.

Hierin sind sie ein Spiegelbild der geschichtlichen und gegenwärtigen Welt des Menschen: Allenthalben herrschen Kampf und Krieg, und dennoch ist die Sehnsucht nach Ausgleich und Frieden tief im Menschen verwurzelt. Nur scheint es an der Fähigkeit dazu zu hapern. Ehe es zum Frieden kommt, müssen die Kämpfe und ihre Schauplätze, die Motive und Hintergründe, die Mittel und Waffen des Krieges untersucht werden. Man muß verstehen, ehe man sich verständigen kann.

Beides versucht dieses Buch, das die Summe jahrzehntelanger „hautnaher Frontbeobachtung" in Sachen Partnerschaft und insofern eine Art psychologische Kriegsberichterstattung ist. Letzter Sinn und selbstgesetzte Aufgabe dieses Buches ist natürlich die Hilfe bei der Lösung von Konflikten zwischen den Partnern – nicht im Sinne der Vermittlung neuer Kriegsstrategien, sondern des wirksamen Krisenmanagements und hilfreicher Friedensinitiativen. Die Anwendung allerdings bleibt den kämpfenden Partnern vorbehalten – vorausgesetzt, daß diese ehrlichen Herzens den Frieden wollen. Dann wird er ihnen mit Hilfe dieses Buches hoffentlich auch leichter gelingen.

Ulrich Beer

Der Kampf der Geschlechter

In der Natur – den meisten Menschen ein Inbegriff von Friede, Ruhe und Ausgleich, die sie darum gern als Oase der Erholung benutzen – tobt hinter der beschaulichen Kulisse des Friedens ein einziger Kampf. Diese von Darwin entdeckte, offenbar für die Auslese der Lebensfähigeren unentbehrliche Tatsache und Grundlage aller Evolution, verdient keine Verherrlichung.

Sie gibt der Natur eine tiefe Tragik, den schmerzlichen Zug der Zerrissenheit, des Widerspruchs von Fressen und Gefressenwerden. Und sie gibt zugleich dem menschlichen Leben den Bühnenhintergrund und vielleicht auch den Verständnisschlüssel für die so rätselhafte Tatsache, daß die Wesen, die sich am heftigsten lieben, sich zugleich am unerbittlichsten bekämpfen: Mann und Frau. Mehr noch: Auch der einzelne Mensch selbst liegt permanent mit sich im Kampf.

Der Kampf des Menschen mit sich selbst

In uns allen kämpfen zwei entgegengesetzte Kräfte miteinander, die selten oder nie zum Ausgleich kommen: Wir wollen frei sein, aber nicht ungeborgen. Wir möchten gebunden sein, aber nicht abhängig. Wir streben danach, uns selbst zu verwirklichen, aber das möglichst gemeinsam und in engem Miteinander. Wir kämpfen für die Rechte des Individuums und sehnen uns nach Gemeinschaft. Wir möchten sein wie die anderen, uns aber auf jeden Fall unverwechselbar von allen unterscheiden.

In uns liegen also egozentrische und soziozentrische, man könnte auch sagen zentrifugale und zentripetale Kräfte in unauflösbarem Kampf miteinander. Diese Kräfte streben zwar ständig nach Ausgleich und Ausgewogenheit, erreichen sie aber nur selten und nur auf Zeit. Es kann sein, daß wir uns für andere verausgaben und nach einiger Zeit das Gefühl haben, ausgezehrt und ausgenutzt worden zu sein. Oder wir nehmen uns Zeit und Kraft genug für uns selbst, halten uns von den Ansprüchen anderer fern und haben nach einiger Zeit das Gefühl, daß uns niemand braucht, daß wir einsam und allein und zu nichts nutz sind.

Selbstbehauptungs- und Selbsthingabe-Tendenzen sind in jedem von uns vorhanden, aber sie decken sich nicht. Wenn beide Kräfte auch nur bei zwei Partnern in Konflikt miteinander oder in zeitverschobenen Rhythmus geraten – gleich zwei Zahnrädern, die nicht ineinandergreifen, sondern deren Zähne aufeinanderstoßen –, so sind Konflikte die zwangsläufige Folge.

Wir erleben die Ergänzung, das Ineinandergreifen als beglückende Einheit und zittern gleichzeitig schon vor einer Rhythmusverschiebung, die das Getriebe knirschen und die Zähne wieder kämpferisch gegeneinander geraten läßt.

Beide Kräfte in ein dauerndes Gleichgewicht zu bringen,

scheint eine schier unlösbare Lebensaufgabe zu sein. Sie hält die Partner in einem ständigen Zustand aufregenden Wechsels bald kurz gespürten Glücks, bald nachhaltig erlebter Spannung. Konflikt und Kampf sind daher in das Leben gerade der Menschen, die uns am nächsten stehen, und in die Partnerbeziehung unvermeidlich einprogrammiert. Wir können ihnen nicht entrinnen, sondern uns nur klar darüber zu werden versuchen, worin diese Konflikte begründet sind, wie sie sich austoben und wie sie sich eventuell harmonisieren und immer aufs neue lösen lassen.

Die Aussichten dafür sind nicht besonders rosig, zumal dieser Konflikt schon im Kleinkindesalter beginnt. In den ersten beiden Jahren des Lebens zeigt sich das Kind noch ganz in der mütterlichen und wohl auch väterlichen Fürsorge und Liebe geborgen. Ein wenig später erwacht der Drang nach Unabhängigkeit, das Kind entwickelt seinen eigenen Willen. Dies wird von den Erwachsenen als bestürzend, ja bedrohlich erlebt, und auch das Kind selbst fühlt sich unglücklich und zerrissen. Wir nennen diese Zeit die Trotzphase. Der innere Konflikt wird nach außen projiziert, führt zu Auflehnung gegen die elterlichen Gehorsamsforderungen, aber auch zu Schuldgefühlen und Schmerz in der eigenen Seele. Die Zustände wechseln: Im einen Augenblick trotzt das Kind, im andern verhält es sich angepaßt und folgsam. Es erlebt heute ein auftrumpfendes Selbstgefühl und leidet morgen an seiner eigenen Aufsässigkeit. Es unterwirft sich und fühlt sich geborgen, um alsbald wieder an seiner Abhängigkeit und Unterordnung zu leiden.

Die Trotzphase bedeutet für Eltern und Kinder eine belastende Zerreißprobe und für die Entwicklung des Kindes eine einschneidende Krise. Alles kommt nämlich darauf an, wie das neue Motiv der Selbständigkeit, das neben das vertraute Streben nach Geborgenheit tritt, mit diesem vereinigt oder zumindest vereinbart wird.

Wenn Erwachsene in diesem Konflikt das Kind zwingen, den eigenen Willen, den Selbstbehauptungsdrang zu unterdrücken, so kann die Folge für das ganze Leben Furcht vor Selbständigkeit, eigener Meinung, offener, direkter Selbstbehauptung sein. Solche Menschen passen sich oft allzusehr an, fügen sich der Autorität, werden Kriecher oder im besten Falle selbstverleugnende Altruisten. Sie sind meistens unfähig, sich zu vertreten und zu behaupten.

Wenn umgekehrt der Eigenwille ohne Einschränkung gefördert wird, wenn die Eltern nachgeben und sich ihrerseits fügen, kann die Folge ein allzu naiver, kampfesfroher Egoismus sein, der die eigenen Rechte grundsätzlich höher stellt als das Lebensrecht der anderen.

Früher kam es häufiger vor, daß die erste Variante des Ungleichgewichts – also die Unterdrückung des Eigenwillens – vorherrschte. Auch waren die Geschwisterkreise größer, die das einzelne Kind nicht genug zum Zuge kommen ließen. Aber auch die Gehorsamsforderung der Eltern und der Gesellschaft war ausgeprägter.

Heute, da eine Familie bei uns im Durchschnitt weniger als zwei Kinder großzieht, also ein sehr viel höherer Prozentsatz an Einzelkindern heranwächst, ist die Gefahr größer, daß sich herrische, maßlose und egoistische Kinder entwickeln, die in der späteren partnerschaftlichen Auseinandersetzung nicht an Ausgleich und Anpassung gewöhnt sind. Es muß dann immer nach ihrem Willen gehen, und der Kampf ist vorprogrammiert – vor allem, wenn zwei derart programmierte Kämpfkinder zusammenkommen und folgerichtig gegeneinander geraten. Die kausale Bedeutung der Kleinkindsituation für die spätere Partnerbeziehung ist bei weitem nicht genug untersucht und bewußt gemacht worden.

Die Kinderstube ist die wichtigste Partnerschule. Darum war es notwendig, diesen Exkurs zu unternehmen, ehe wir nun wieder auf die Situation der inzwischen erwachsen gewordenen Geschlechtspartner eingehen können.

Die Spannung von Nähe und Distanz

In temperierter Form äußert sich das Spannungsverhältnis von Selbstbehauptung und Selbsthingabe in der jedem Paar vertrauten heiklen und immer wieder gefährdeten Balance von Nähe und Distanz, von Behauptung des Selbstwertes und Anerkennung des Fremdwertes. Der berühmte Eheberater unserer Eltern Theodor Bovet vertrat in seinem in Millionenauflage verbreiteten Ehebuch die Ansicht, daß jedes Ehepaar eigentlich eine einzige Person sei. Er sprach von der „Eheperson", in der beide Partner sich wie die Hälften eines Apfels zu vereinigen und sozusagen auf höherer Ebene zu finden hätten. Wenn der eine Partner im anderen seine ideale Ergänzung, sein Dual findet, so kann das ein herrliches Ideal sein. Ich fürchte nur, daß dies ein unerfüllbarer Wunschtraum bleibt und daß eine solche Erwartung den Konfliktstoff im Grunde noch anhäuft, statt ihn abzubauen.

Heute gehen wir von einer eher gegensätzlichen Auffassung aus: Die Ehe muß die Tatsache verkraften, daß sie aus zwei Personen besteht. Sie besteht aus zwei Menschen, die ihr Recht auf Eigenentwicklung und Freiheit haben, die sich nicht gleichen, auch nicht unbedingt in allem angleichen sollen, die sich aber dennoch ergänzen, damit zwei Verschiedene gemeinsam ein Ganzes bilden, die aber darin durchaus ihre Eigenständigkeit bewahren oder vielmehr überhaupt erst finden.

Wie kann das aber in einer Beziehung geschehen, die doch darauf angelegt ist, Grenzen zu überschreiten, Kommunikation zu pflegen, Interessen zu verbinden, sich in Liebe zu vereinigen?

Was da versucht werden soll, ist die Quadratur des Kreises in der Ehe. Man könnte sagen, es ist wahrscheinlich ihr wichtigstes Problem überhaupt − zumindest in der modernen Ehe. Das Dumme ist nur, daß wir in einer Gesellschaft leben, in der

Selbständigkeit und Stärke nicht von vornherein gegeben, sondern, wenn ich recht sehe, sogar eher im Schwinden begriffen sind. Es ist auch eine deutliche Tendenz erkennbar, daß Menschen die Verantwortung für ihr Leben, aus welchen Gründen auch immer, gerne an Fremde, an Institutionen, Gewerkschaften, Parteien, Kirchen, Verbände, Massensteuerungsinstrumente der Medien oder gar an völlig irrationale Gegebenheiten wie Sekten, Gurus, Astrologie oder die neuen parapsychologischen Bewegungen abgeben wollen.

Wie sollen unter solchen Voraussetzungen in der Gesellschaft Selbständigkeit, geistige und personale Unabhängigkeit wachsen? Wir pendeln zwischen der Selbstübergabe an Kollektivsteuerungen und der verzweifelten, manchmal fanatischen Sucht nach Selbstverwirklichung in einem extremen Individualismus, den wir oft mit Emanzipation verwechseln.

Welche Voraussetzungen müßte eigentlich ein wirklich ausgewogenes stabiles Selbstwertgefühl haben? Wir haben ein paar Kinder großgezogen, haben ein Haus gebaut, ein Auto vor der Tür . . . und was immer sonst noch. Der ganze Betrieb, den Menschen gerne aufziehen, ist eigentlich nur dazu bestimmt, dem schwach entwickelten Selbstwertgefühl zu Hilfe zu kommen. Wozu machen wir das eigentlich alles: Städte bauen, Karrieren, perfekte Technik, Rekorde, Kosmetik, Waffentechnologie, Wissenschaft, Sport . . . Wozu all dies? Weil es befriedigt und wohltut? Ich kann das nicht glauben. Das meiste davon tut gar nicht wohl. Vielleicht können die, die all das gerade betreiben, zeitweise Selbstwertgefühle daraus ableiten, doch dann müssen sie sich schon wieder aufmachen, um die Rekorde zu verbessern, um noch perfekter, noch besser, noch erfolgreicher zu sein.

Dahinter steht meiner Meinung nach eher eine nichteingestandene Selbstwertschwäche! Wir spüren alle, daß wir an die Grenzen des Wachstums geraten, was Energie, Technik, Gehälter angeht. Wir stoßen auch an unmittelbare Grenzen des Wachstums, was unsere Selbstbestimmung anlangt. Warum können wir uns nicht bescheiden? Irgend etwas im Menschen läßt ihn nicht in sich ruhen, läßt ihn nur zufrieden sein, wenn er unzufrieden ist, immer weiter nach Erfüllung strebt und doch nur in Konflikte gerät.

Unser Selbstwertgefühl müßte voraussetzungslos sein, ohne Leistungsnachweis, ohne die ständig bohrende expansive Unzufriedenheit. (Wobei ich nicht sagen will, daß man nach nichts mehr streben, nichts mehr wünschen und hoffen soll.) Wir müssen sicherlich in einer gewissen Spannung leben und wissen, daß unser Hoffen, Wünschen und Streben auch unsere Konflikte programmiert. Wir sollten aber keinesfalls unseren Selbstwert ableiten aus dem, was wir nicht haben, aber haben möchten, nicht sind, aber sein wollen, nicht gelten, aber gelten möchten.

Woraus soll man ihn dann aber ableiten? Nach christlichem Glauben leitet sich der Selbstwert aus nichts anderem ab als aus der Tatsache, von Gott geliebt zu sein. Das allein macht uns frei gegenüber allen Leistungsnachweisen und den damit gegebenen Vergrößerungsphantasien und Expansionsbestrebungen. Es ist deutlich zu beobachten, daß überall dort, wo in einer Gesellschaft massiver Glaubensverlust auftritt, der Nachweiszwang eines selbsterworbenen Selbstwertes sich verstärkt. Leider nutzt es nichts, das zu sehen, ein Zurück zu verordnen und zu sagen: Glaubt mal wieder schön! Aber man kann über diese Zusammenhänge nachdenken und seine Konsequenzen ziehen − zum Beispiel im Zusammenhang mit der ehelichen Partnerschaft, die eigentlich weniger auf leistungsorientierten Selbstwertnachweis als auf Anerkennung des Eigenwerts, in diesem Fall des ,,Fremdwerts'' ausgerichtet ist.

Die Therapie von Minderwertigkeitsgefühlen, Unsicherheiten, Ängsten, Schüchternheit − was alles mit mangelndem Selbstwertgefühl zusammenhängt − ist besonders schwierig, weil man einem Menschen schwer einreden kann: Sei doch einfach selbstsicherer, mutiger, mehr von dir überzeugt! Es ist ein echtes Dilemma, in das wir geraten, wenn wir den Selbstwert an Voraussetzungen knüpfen, die (wie in der Ehe) noch dazu andere schaffen sollen. Denn das kommt bei der Partnerschaft noch erschwerend dazu: Der Ichschwache trifft auf einen Menschen, von dem er erwartet, daß er ihm Ich-Stärke vermittelt. Eine Zeitlang mag das ja auch ganz gutgehen, da strömt ein Kraftquell, und man hat das Gefühl, ein volleres Leben zu führen und von der Stärke des anderen getragen zu werden – und umgekehrt. Die Partner merken in ihrer Euphorie nicht, daß die Schwäche ihres Selbstwertes nach wie vor vorhanden ist. Und sie okkupieren den anderen, weil sie ihn ja brauchen, um diese Schwäche zu beheben. Wehe, wenn der Partner sich anderen Dingen zuwendet und eigene Interessen entwickelt, sich für andere Menschen interessiert und auch an sie denkt. Dann bekommt der Partner Angst, vielleicht noch nicht gleich Angst, ihn zu verlieren, aber er spürt zunächst einmal die Lücke, das Defizit bezüglich der Auffüllung seines Selbstwertmangels.

Der Partner kann unseren Selbstwert nicht garantieren, er kann uns mit seiner Nähe eine Weile faszinieren und damit ausfüllen, er kann uns in Atem halten und die Probleme und Schwächen vergessen machen, er kann uns auch das Gefühl geben, gebraucht zu werden und für jemanden dazusein. Aber strukturell und in der Tiefe kann er unseren Selbstwertmangel nicht beheben, jedenfalls nicht so, wie wir dies wünschen, allenfalls so, daß man gemeinsam aneinander arbeitet, um miteinander über die Selbstwertschwächen hinwegzukommen.

Wenn aber Liebe und Liebesbindung nur in absoluter Nähe gedeihen können, in totaler Abhängigkeit voneinander, dann würden sie den Namen Liebe nicht verdienen, dann wären sie unendlich verletzbar und manipulierbar. Jede Regung, jeder Schritt des anderen müßte sofort schmerzhafte Reaktionen, Mit- und Gegen-Regungen auslösen, die Partner lebten seelisch wie siamesische Zwillinge, abhängig von jedem Tritt, vom Gleichschritt des anderen. Und wenn der nicht gegeben ist, muß der andere sofort zur Räson gebracht werden – mit Blicken, Stirnrunzeln, Kritik, auch durch Schweigen, Sich-Verweigern, Nörgeln, Ausfälligwerden, Türenschlagen, Schreien. Im Grunde sind das alles regressive, in die Kindheitsreaktionen zurückreichende Antworten, die gerade darin den mangelnden Selbstwert beweisen.

Bleibt weiterhin die Frage, was man tun kann, um mehr Selbstwertgefühl zu entwickeln. Wahrscheinlich kann dies nur in Form eines Entschlusses geschehen. Ich halte das Sich-entscheiden-Können für die typischste menschliche Eigenschaft, auch in dem Sinne, daß der Mensch seine eigenen Entwicklungsprozesse, seine Krankheiten und Unzulänglichkeiten entscheidend selbst in die Hand nehmen kann und muß. Ich gehe von meinem Selbstwert aus, ich nehme meinen Selbstwert einfach als gegeben an, ich nehme mich an. Und das macht mich unverletzbar gegen die vielen Verletzungen, die sich sonst zu ,,Tretminen" auswachsen und die Partnerschaft ernstlich gefährden. Wenn wir uns so verhalten, dann können wir offen zueinander sein und zu uns selbst.

Der Unterschied der Geschlechter

Eine der Hauptursachen des jahrtausendealten Geschlechterkampfes ist, daß es zwischen den Geschlechtern nicht nur den berühmten „kleinen Unterschied", sondern eine weit- und folgenreiche Differenzierung gibt. Natürlich beruht auf dieser Differenzierung die ganze Anziehung und Faszination, die die Geschlechter aufeinander ausüben. Das Leben wäre reizlos und langweilig ohne diesen ziemlich großen Unterschied, der darin besteht, daß es letzten Endes keinen Menschen, sondern nur Männer und Frauen gibt, und das ganz und gar und durch und durch.

Aber neben der Anziehung gibt es auch hier den Kampf um die Vormacht. Dabei erweist sich, daß immer ein Geschlecht schwächer ist. In physischer Hinsicht sind es offenbar die Frauen. Ohne diese Tatsache gäbe es keinen Kampf um die Gleichberechtigung der Frau und die in den vergangenen Jahren so zugespitzte Kampfsituation im Umkreis all dessen, was wir mit dem Begriff der Frauenemanzipation meinen.

Der Grund dafür ist, daß die Frau jahrtausendelang körperlich und darum letzten Endes auch gesellschaftlich unterlegen war. In jeder früheren Gesellschaft, in der die physische Stärke einen höheren Stellenwert hatte, mußte sich dies nachteilig für die Frau auswirken, solange Stärke und Dominanz einen höheren Rang einnahmen als Fürsorge, Liebe und Menschlichkeit. Körperlich sind Frauen unübersehbar und eindeutig die schwächeren. Frauen sind durchschnittlich zehn Zentimeter kleiner als Männer. Sie wiegen zehn Kilo weniger. Die Reichweite ihrer Arme ist um zehn Prozent geringer. Sie haben fünfzehn Prozent weniger Muskelsubstanz, dagegen fünfzig Prozent mehr Fett, und ihr Herz hat ein geringeres Schlagvolumen. Hinzu kommt die zyklische Beeinflußbarkeit, die sie oft stimmungslabiler und empfindsamer sein läßt.

Daß dieses Bild physischer Unterlegenheit jedoch zumindest teilweise einseitig ist, zeigen zwei Gesichtspunkte:

1. Nahezu überall auf der modernen Welt, besonders da, wo Frauen sich nicht mehr in einer Vielzahl von Geburten erschöpfen, lebt die Frau im Durchschnitt wesentlich länger als der Mann – eine geheime Kraftreserve, größere Adaptation?
2. Die Fähigkeit, Kinder gebären zu können, wurde erst seit der Herrschaft des Patriarchats diskreditiert – man kann sie aber auch als ein physisches Mysterium sehen, von dem der Mann ausgeschlossen ist.

Aus dieser Schwäche hat man in der Geschichte der Menschheit eine Benachteiligung gemacht und Vorrechte des Mannes aufgebaut, die dann auch noch philosophisch begründet wurden. So sagte der griechische Philosoph Aristoteles: ,,Das Weib ist Weib durch das Fehlen gewisser Eigenschaften; wir müssen das Wesen der Frau als etwas betrachten, was an einer natürlichen Unvollkommenheit leidet." In seinem Gefolge sieht Thomas von Aquin, der das gesamte Denken des christlichen Mittelalters bestimmte, in der Frau einen ,,verfehlten Mann": ,,Der Mann ist Anfang und Ziel der Frau." Vor gut zweihundert Jahren diskutierten Ärzte ernsthaft die Frage, ob auch die Frau eine Seele habe, und der Mediziner Möbius schrieb vor hundert Jahren eine Abhandlung mit dem bezeichnenden Titel ,,Vom physiologischen Schwachsinn des Weibes".

Erst seit relativ kurzer Zeit beschäftigt sich die Forschung mit dem Unterschied der Geschlechter und versucht, zu wissenschaftlich begründeten Definitionen zu kommen. So kam eine Untersuchung aus den dreißiger Jahren zu dem Ergebnis, daß ,,im großen gesehen die männliche Seite ein starkes Interesse an Heldentaten und Abenteuern, an Beschäftigungen im Freien mit Einsatz körperlicher Leistungsfähigkeit, mit Maschinen und Handwerkszeug, Interesse an Naturwissenschaften, überhaupt an physikalischen Erscheinungen und Erfindungen, gewöhnlich auch an Geschäften und Betrieben bekundet, während die weibliche Seite mehr Interesse an häuslichen Angelegenheiten und ästhetischen Gegenständen und Betätigungen zeigt und mehr sitzende Beschäftigungen im Haus, und zwar vor allem Hilfeleistungen gegenüber Jungen, Hilflosen und Armen bevorzugt". Zu diesen bevorzugten Betätigungen werden dann die zugehörigen Charaktereigenschaften erschlossen: ,,Die Männer sind mittelbar oder unmittelbar von größerem Selbstdurchsetzungswillen und größerer Aggressivität, sie zeigen mehr Kühnheit und Furchtlosigkeit und größere Rauheit in ihren Manieren, ihrer Sprache und ihren Gefühlen; die Frauen zeigen sich mitleidiger und mitfühlender, furchtsamer und ästhetisch sensitiver, im allgemeinen gefühlsbetonter (oder jedenfalls in dieser Hinsicht ausdrucksvoller), moralischer, beweisen aber selbst wiederum schwächere Kontrolle ihrer Gefühle."

Neuere Untersuchungen zeigen, daß bereits dreizehn Monate alte Kinder Unterschiede – seien sie nun sozial oder genetisch bedingt – zwischen den Geschlechtern im Umgang mit Spielmaterial, in der Entfernung von der Mutter und anderen Verhaltensweisen zeigen. Die Jungen zeigten sich kräftiger, aktiver, von der Mutter unabhängiger. Die Mädchen hingegen waren eher ängstlich, eher zu Anpassung und Abhängigkeit geneigt, gaben äußeren Impulsen nach und hatten geringeres Selbstvertrauen in schwierigen Situationen, während Jungen wiederum eher dazu neigten, ihre Umwelt sich selbst statt sich ihrer Umwelt anzupassen, sie setzten sich eher durch und zeigten aggressives und aktives Verhalten, waren unabhängiger und bewiesen größeres Selbstvertrauen in schwierigen Situationen.

Im intellektuellen Niveau fand man keine Unterschiede. Mädchen sind hinsichtlich ihrer sprachlichen Leistungen besser und schneller entwickelt, Jungen brauchen längere Zeit und haben in der Regel größere Schwierigkeiten, während Mädchen andererseits im konstruktiven Denken und vor allem in der Raumerfassung sich schwerer tun. In rechnerischer Hinsicht sind beide Geschlechter zunächst gleich, mit steigendem Alter Jungen zunehmend besser, ebenso in schlußfolgerndem und produktivem Denken, während Mädchen im sogenannten divergierenden Denken, wenn mehrere Möglichkeiten richtig sein können, stärker sind, wie sie überhaupt zu ausgleichenden, harmonisierenden Tendenzen neigen. Auch sind sie in ihrer Grundeinstellung konservativer, Jungen eher zu Veränderungen geneigt, jedenfalls außerhalb des privaten Bereiches.

In den Schulleistungen überbieten Mädchen häufig die Jungen, erkennen aber ihre Fähigkeiten nicht so gut, während die Jungen sich trotz mäßiger Leistungen ihres Könnens bewußter sind und es systematischer ausbauen und ausnutzen.

Siegen Frauen anders?

In ihrem Buch ,,Spielregeln für Sieger" hat Gertrud Höhler eine interessante Variante zum Geschlechterkampf beigetragen. Unter der Überschrift ,,Frauen siegen anders" setzt sie sich mit dem Klischee ,,Frau will Liebe – Mann will Leistung" auseinander und kommt aus langer beruflicher Erfahrung zu folgenden Feststellungen, die sich etwa so zusammenfassen lassen:

– Der Mann strebt nach Zielen, die Frau zielt auf Menschen.
– Der Mann begrenzt sein Gesichtsfeld, um etwas zu erreichen, die Frau erweitert es, um alles zu berücksichtigen.
– Männer blenden aus, Frauen beziehen ein.
– Männer suchen Dominanz, Frauen Verbundenheit und Zuwendung.
– Männer stehen in Konkurrenz, Frauen wünschen Kooperation.
– Männer sind ergebnisorientiert, Frauen prozeßbezogen.
– Männer suchen *eine* Identität, Frauen wechseln häufiger die Rollen.
– Männer erstreben Autonomie, Frauen suchen grundsätzlich Nähe.
– Männer setzen Menschen für Sachfragen ein, Frauen führen Sachfragen auf Menschen zurück.
– Männer üben Abgrenzung, Frauen suchen Verbindung.
– Männer wollen Gruppen führen, Frauen suchen Konsens in der Gruppe.
– Männer opfern und reduzieren Individualität zugunsten eines Ziels, Frauen kultivieren bei sich und anderen das Individuelle und die Ganzheit der Person.

Und so ließe sich fortfahren mit Unterschieden, in denen Spannungen und Konflikte, aber auch im Idealfall sinnvolle Ergänzung vorprogrammiert beziehungsweise herausgefordert sind.

Eine besondere Variante ist noch der Hinweis darauf, daß Männer mit Visionen, also aus dem Sehen, der Imagination und der Optik abgeleiteten Vorstellungen leben, während Frauen mehr auf das Hören, aber auch das Fühlen und Empfinden eingestellt sind. Auch Gertrud Höhler weist auf die weitgehenden Unterschiede schon in der Kindheit hin. Es fällt auf, daß Mädchen trotz reichhaltigen und eventuell auch gleich großen Spielangebots Puppenspiele bevorzugen, daß Jungen schon mit drei Jahren aggressive Auseinandersetzungen und Wettkämpfe lieben, daß sie ihre Kräfte im Kampf um eine Rangordnung einsetzen, während Mädchen Seelenbindungen pflegen, aber auch Eifersuchtsdramen durchleiden. Auch später haben sie es schwerer mit Gruppen, in die sie sich ungern einordnen, weil sie ihre Individualität pflegen möchten. Dafür fehlt es Jungen und Männern häufiger an Selbstkritik. Sie setzen sich unbedenklicher durch, während Mädchen und Frauen eher darauf warten, gefragt, gefordert und entdeckt zu werden. Sie möchten weniger selbst die Leistungsnormen bestimmen, als sich vorgegebenen Normen anpassen und an diesem Maßstab eventuell auch die Jungen übertreffen. Ihre schulischen Leistungen sind gerade darum ja häufig besser.

Es ist schwer zu sagen, welchen Anteil an diesen Geschlechtsunterschieden biologische Bedingungen, also etwa die Geschlechtseigenschaften und speziell die Sexualhormone, ausmachen und welchen Anteil kulturelle und soziale oder erzieherische Einflüsse haben.

Sexualhormone werden bereits vor der Geburt in den kindlichen Organismus in geringem Umfang ausgeschüttet. Der Beginn ihrer Wirkung und damit die Entscheidung über Geschlechtseigenschaften fällt in den Zeitraum zwischen der sechsten und der zwölften Woche vor der Geburt.

Damit werden zwei weitverbreitete Auffassungen widerlegt: erstens die Meinung, daß mit der Geschlechtsfeststellung durch die Chromosomen bereits alle unterschiedlichen Geschlechtseigenschaften gegeben seien, aber auch zweitens die andere, daß diese Festlegung erst mit dem Einbruch der sexuellen Reife und den bisher schon erfolgten sozialen Einflüssen geschehe.

Es stimmt zwar, daß der Körper erst von der Pubertät an in vollem Umfang mit der Ausschüttung der Sexualhormone beginnt. Aber dennoch läßt sich ein typisches Geschlechtsverhalten schon lange vorher feststellen. Ein zweijähriges Mädchen kann auf eine Weise Aufmerksamkeit anziehen, lächeln und flirten, die wir durchaus schon als ,,weibchenhaft" empfinden. Es sind Paarbildungen mit allen Anzeichen gegenseitiger Verliebtheit schon bei Kindergartenkindern bekannt. Allerdings darf man auch hier den unbewußt oder bewußt das eine oder andere Verhalten bestärkenden Einfluß der Umwelt einerseits und den Nachahmungsdrang gerade auch sehr kleiner Kinder andererseits nicht vergessen. Ähnliches gilt auch für die Aggressivität und den Eroberungsdrang der Jungen.

Immerhin wissen wir, daß die Zugabe männlicher Sexualhormone aggressiver und ungeduldiger macht, und zwar auch Frauen, denen man männlichen Sexualhormone verabreicht. Es handelt sich also wohl immer um ein komplexes Ineinanderwirken genetischer und soziopsychischer Kräfte.

Teilung der Geschlechter?

Immer wieder hat es radikale politische Bewegungen gegeben, die das Problem des Geschlechterkampfes durch eine Teilung, im Grunde also durch eine weibliche Gegenkultur lösen wollten. Heute ist immerhin ein Rest davon in Form der Feminismuskultur mit ihrem ausgeprägten Wir-Gefühl und einer eingestandenen oder auch nur unterschwelligen Kampfstimmung gegen die männliche Kultur geblieben. Aber die Emanzipation der Geschlechter steht unter anderen Bedingungen als andere Emanzipationsbewegungen, die uneingeschränkter um Gleichberechtigung oder gar Vorherrschaft kämpfen können. Darauf hat schon die große Simone de Beauvoir in ihrem Buch ,,Das andere Geschlecht" hingewiesen, in dem sie feststellt, daß die Frauenemanzipation unter völlig anderen Bedingungen stattfindet als jede andere Befreiungsbewegung:

,,Die Proletarier sagen ,wir'. Ebenso die Schwarzen. Indem sie sich selbst als Subjekt setzen, verwandeln sie die Bourgeois, die Weißen in die ,anderen'. Die Frauen sagen nicht ,wir', es sei denn auf gewissen Kongressen, die aber theoretische Kundgebungen bleiben. Sie haben keine ihnen eigentümliche Vergangenheit, Geschichte, Religion; sie haben nicht wie die Proletarier eine Arbeits- und Interessengemeinschaft, sie kennen nicht einmal das räumlich enge Miteinanderleben, das aus den Schwarzen Amerikas, den Juden in Gettos, den Arbeitern eines Werkes eine Gemeinschaft schafft. Die Frauen leben verstreut unter den Männern, durch Wohnung, Arbeit, wirtschaftliche Interessen, soziale Stellung mit ihnen enger verbunden als mit den anderen Frauen. Als Frauen des Bürgertums sind sie solidarisch mit männlichen Bourgeois und nicht mit den Frauen des Proletariats, als Weiße mit den weißen Männern und nicht mit den schwarzen Frauen. Das Proletariat könnte sich vornehmen, die herrschende Klasse niederzumetzeln; ein fanatischer Schwarzer könnte davon träumen, sich das Geheimnis der Atombombe zu verschaffen, um so eine durchweg schwarze Menschheit zu verwirklichen; selbst im Traum denkt die Frau nicht daran, die Männer auszurotten. Das Band, das sie an sie bindet, kann mit keinem anderen verglichen werden. Die Teilung in Geschlechter ist tatsächlich etwas biologisch Gegebenes, nicht ein Moment der Menschheitsgeschichte. Inmitten eines ursprünglichen Mitseins hat ihre Gegensätzlichkeit sich abgezeichnet und es nicht durchbrochen. Das Paar ist eine Grundeinheit, deren beide Hälften aneinander geschmiedet sind; es ist nicht möglich, eine Spaltung der Gesellschaft nach Geschlechtern vorzunehmen. Das ist es, was von Grund auf die Frau charakterisiert: sie ist die andere innerhalb eines Ganzen, in dem beide Extreme einander nötig haben." (aus: Simone de Beauvoir, Das andere Geschlecht, © 1951 by Rowohlt Verlag GmbH, Reinbek)

Mann und Frau haben einander nötig. Beide sind von Natur und Bestimmung aufeinander angelegt und zur Partnerschaft berufen. Aber diese Partnerschaft pflegt die Frauen stärker in Anspruch zu nehmen, denn: Die Frau fühlt sich dem „Ganzen, in dem beide Extreme einander nötig haben", ein ganz klein wenig mehr verbunden und verhaftet. Die Natur hat sie mit ihrer weiblichen Aufgabe schon rein biologisch stärker bestimmt und – wie man wohl sagen darf – belastet als den Mann, der immerhin die Möglichkeit hat, sich am biologischen Geschehen der Fortpflanzung der Menschheit nur minimal zu beteiligen. Die Frau wird im buchstäblichen und übertragenen Sinne weitgehend davon ausgefüllt. Damit ist sie sehr viel abhängiger, und ihrer Emanzipation sind Grenzen gesetzt, weil sie nicht nur gegen gesellschaftliche Bedingungen, sondern im Grunde auch gegen ihre eigene Natur angehen muß. So kommt jede Frau in das ausweglose Dilemma: Lebt sie ganz der Frauen- und Mutterrolle, so verzichtet sie auf gesellschaftliche Gleichstellung und bleibt in Abhängigkeit. Dieses Dilemma wird hübsch illustriert durch ein klassisches Dokument, nämlich den Ehevertrag, den die amerikanische Frauenrechtlerin Lucy Stone bei ihrer Eheschließung in der Zeitung veröffentlichte. Darin heißt es:

„Wenn wir auch dadurch unsere gegenseitige Zuneigung öffentlich bekunden, daß wir in den Ehestand eintreten . . ., halten wir es für unsere Pflicht zu erklären, daß wir mit diesem Akt weder diejenigen der heutigen Ehegesetze gutheißen noch uns ihnen freiwillig unterwerfen wollen, die der Ehefrau die Anerkennung als unabhängiges, denkendes Wesen verweigern und dem Ehemann eine ungerechte und unnatürliche Vormachtstellung einräumen."

Ungerecht mag sie sein, unnatürlich ist sie eben nicht, weil der Mann eher auf Kampf und Durchsetzung angelegt ist. Um so mehr wäre er gehalten, sich zurückzunehmen, Rücksicht zu nehmen. Dies war der Inhalt des heute etwas verstaubt wirkenden und dennoch anspruchsvollen Begriffes „Ritterlichkeit". Daran fehlt es offensichtlich. In einer Zeit, die sexuelle Antriebe und hormonale Programmierungen ausleben läßt, lebt sich damit auch die hormonbedingte Aggressivität stärker aus. Am Rande bemerkt soll darauf verwiesen werden, daß jedes vierte Mädchen sexuell belästigt oder vergewaltigt wurde, daß die Zahl gewaltsamer sexueller Übergriffe in bestehenden Partnerschaften und Ehen zunimmt. Auch die Kampfbereitschaft in den immer labiler werdenden Dauerpartnerschaften ist offenbar größer. Die Bereitschaft, die eigenen Interessen durchzusetzen – sei es mit männlicher Dominanz oder auch mit weiblicher Diplomatie – ist gewachsen, wenn man der unendlichen Zahl der Krisen und Konflikte diese Deutung unterlegen darf, die sich in einer Eisbergspitze von vervielfachten Scheidungen ausdrückt, die heute im Durchschnitt jede zweite bis dritte Ehe beenden.

Auch Dauerpartnerschaften sind von dem gleichen Schicksal ja nicht ausgenommen.

Fast drei Viertel aller Scheidungen werden durch die Frau beantragt, die wohl nicht nur die Abhängigere, sondern in letzter Zeit auch zugleich die bewußt und nicht mehr so willenlos und wehrlos Leidende ist. Insgesamt kann man sagen, daß der Trend der allgemeinen Emanzipationsbewegung auch die Bindung an die Ehe erfaßt hat. Die Scheidungszunahme bedeutet auch so etwas wie Emanzipation von der Ehe, insbesondere der Ehe auf Lebenszeit.

Scheidung:
Ehe-Emanzipation?

Insgesamt gesehen ist die höhere Scheidungsfreudigkeit jedoch keineswegs mit einer Absage an die Ehe gleichzusetzen, denn einer der Hauptgründe, weshalb Ehen geschieden werden, ist der hohe Maßstab, den die Partner an die Ehe legen: Sie sind von der jetzigen Ehe enttäuscht und lösen sie auf, um eine bessere einzugehen. Sie halten so viel von der Ehe, daß die Realität der erfahrenen Ehe ihren Vorstellungen nicht genügt. Die meisten Geschiedenen heiraten innerhalb kurzer Zeit erneut, so daß die Scheidung unter diesem Aspekt sogar so etwas wie ein verstohlenes Kompliment an die Ehe darstellt.

Der Versuch, die Ursachen zu erfassen und zu ordnen, fördert eine Vielzahl von Faktoren zutage, die dafür verantwortlich sind, daß Menschen sich heute leichter und öfter scheiden lassen als zur Zeit unserer Eltern und Großeltern. Diese Faktoren sind:

– Unsere Gesellschaft ist mobiler geworden und mischt die Menschen willkürlich durcheinander. Auf diese Weise begegnen sie sich auch als Partner nicht mehr unter gleichen Voraussetzungen, was die soziale und bildungsmäßige Herkunft, was Stamm und Sprache, Konfession und politische Überzeugung, Beruf und Freizeitinteressen angeht. Da aber eine Ehe um so stabiler ist, je mehr gemeinsame Voraussetzungen die Partner mitbringen, gefährdet diese Mobilität die Ehe und bedingt ihre Labilität.
– Die Partner verbringen, vor allem wenn sie an verschiedenen Orten berufstätig sind und unterschiedliche Interessen haben, nur noch relativ wenig Zeit gemeinsam und haben in

dieser Zeit hinreichend damit zu tun, die Spannungen, die sich durch die trennenden Tatbestände ergeben, zu integrieren und immer wieder erneut zu überbrücken. Insbesondere hat das Kennenlernen anderer Menschen, möglicher Drittpartner also, hier einen zusätzlichen Spaltungseffekt.
- Der Rückgang der Kinderzahlen ist für die Stabilität der Ehe von Nachteil. Das muß nicht heißen, daß Kinder eine Ehe glücklicher machen, aber offenbar machen sie sie stabiler, weil die Verantwortung für gemeinsame Kinder die Partner länger und fester aneinander bindet. In einer akuten Krise trennt man sich weniger leicht, sondern rauft sich eher zusammen, wenn Kinder da sind. Natürlich kann gerade in der Krise das Vorhandensein von Kindern eine Ehe auch besonders belasten.
- Das Verständnis der Ehe hat sich gewandelt. Aus ihrer sakramentalen Weihe als göttliche Stiftung, aber auch aus ihrer im idealistischen Staatsdenken verwurzelten Deutung als staatliche Institution, ja, geradezu als Grundfeste und Keimzelle von Staat und Gesellschaft, hat sie sich zu einer Intimgruppe entwickelt. Die Gefühle füreinander, die Heftigkeit der Liebe zueinander sind im Verständnis der meisten Menschen von heute die eigentlich ehekonstituierenden Faktoren. Weder die wirtschaftliche Basis noch ein übergeordneter Wille – sei es sakraler, sei es staatlicher oder auch nur der Ratschluß elterlicher Vernunft – halten sie zusammen, was sicher dem Freiheits- und Mündigkeitsverständnis des heutigen Menschen entspricht, was ihn aber zugleich seiner Geborgenheit beraubt.
- Die moderne Ehe mag glücklicher geworden sein, jedoch steht sie zunehmend unter dem Streß erhöhter, wenn nicht überhöhter Glückserwartungen. Genau sie sind die Garantie dafür, daß so viele Ehen unglücklich werden. Insbesondere die sexuellen Erwartungen sind zu einem neuen Leistungsdruck

geronnen, der in den Auswirkungen nicht weniger erdrückend ist als die der Vergangenheit angehörende Verklemmung und Verdrängung der Sexualität. Gerade daraus resultieren aber viele Spannungen zwischen den Partnern, die sie allein kaum überwinden können.
- Die Lebenserwartung der Menschen hat sich erhöht. Eine Ehe auf Lebenszeit würde heute bei den meisten Menschen etwa fünfzig Jahre dauern. Dies ist in der Geschichte der Ehe relativ neu. Noch vor 150 Jahren dauerte eine Ehe im Durchschnitt zwölf Jahre. Dies wurde nicht durch Scheidung, sondern durch die hohe Sterblichkeit der Frau in relativ jungem Alter verursacht. Heute leben wir länger, aber entwickeln uns schneller, verändern uns und tragen darum täglich das Risiko der Auseinanderentwicklung. Darunter leidet naturgemäß auch die Stabilität einer Ehe. Fünfzig Jahre mit demselben Partner, dies stellt für viele eine Überforderung dar, die sich in der Scheidungsstatistik niederschlägt.
- Trotz allem ist die Bedeutung der Lebenspartnerschaft im Erleben des Menschen von heute nicht zurückgegangen, sondern eher noch gewachsen. Allerdings drückt sich dies nicht in einer dem gehobenen Anspruch und der gewachsenen Bedeutung der Partnerschaft auf Dauer gerecht werdenden Maß an Ehevorbereitung aus. Junge Leute schlittern oft unbedacht in die Ehe hinein. Man kann sie fast ohne Voraussetzungen eingehen, aber nur sehr schwer wieder auflösen. Jedenfalls sind wir auf die erheblich angewachsenen Probleme der Partnerschaft, auf die psychischen Belastungen eines so engen Zusammenlebens, auf die wirtschaftliche Verantwortung, auf die rechtlichen Konsequenzen und die sexuellen Auswirkungen nicht im geringsten vorbereitet, wenn wir in unreifem Alter wie gewöhnlich in unserer Gesellschaft eine Partnerschaft fürs Leben eingehen.

Ob Partnerschaft, ob Ehe: Alle Paarstrukturen, die auf Dauer angelegt sind, zeigen heute ähnliche Probleme. Die Partner haben einen hohen Anspruch auf Individualität und Selbstverwirklichung. Beide gehen von der Erwartung aus, als gleichberechtigt anerkannt zu werden, und lehnen Hierarchien ab. Sexuelle Erfüllung und intensiv erlebte Intimität werden zur selbstverständlichen Voraussetzung und eigentlichen Grundlage der Geschlechtsbeziehung, während auf anderen Gebieten die Selbständigkeit möglichst weitgehend erhalten bleiben soll. Hierarchien werden abgelehnt und die Balance zwischen Ausgewogenheit und Nähe zwar immer gesucht, aber keineswegs immer gefunden.

Insgesamt trägt die Annäherung der Geschlechter einiges zum besseren gegenseitigen Verständnis bei. Die Zeit, in der die Frau sich an einen unbestritten überlegenen Mann anlehnte und zu ihm als dem nie verlegenen Helden aufschaute, ist glücklicherweise vorüber. Männer können und dürfen schwach sein, Zärtlichkeit und Verständnis zeigen, und beide Geschlechter scheinen sich dabei wohler zu fühlen.

Statt Nivellierung: Differenzierung

Gleichwohl erscheint eine völlige Nivellierung der Unterschiede der Geschlechter weder real noch wünschenswert. Sie würde die Welt so langweilig werden lassen, daß keiner sich seines Lebens freuen könnte. Nicht Nivellierung müßte das Ziel einer vernünftigen Emanzipation sein, sondern die Anerkennung einer höheren Differenzierung. Dabei müßte deutlich werden, daß die individuellen Unterschiede erheblich wichtiger sind als die Geschlechtsdifferenzen.

Denn Frauen wollen nicht nur als Geschlechtswesen gesehen werden, sondern als Mensch, als Person.

Ein wirklicher Fortschritt ist erst erreicht, wenn die Frau, um gesellschaftlich erfolgreich zu werden, nicht männlich werden muß. Wenn sie ihre Eigenart so entfalten kann, daß der Mann sie als gleichrangig anerkennt, und beide sich auf allen Ebenen ergänzen und bereichern. Dann erst kann sie – selbstsicher und ausgeglichen – an Fraulichkeit geben, was er erwartet, und er ihr – liebevoll und undogmatisch – mit seiner Männlichkeit entgegenkommen. Das einseitige Leistungsdenken würde aufgelockert durch mehr Sinn für Schönheit, Freude und Spiel, die beherrschende Bedeutung von Wirtschaft und Technik ergänzt durch den gleichrangigen Wert von Toleranz, Pflege und Erziehung. Irgendwann werden wir erkennen, daß wir ohne das Miteinander, das auf Gleichachtung aufgebaut ist und dennoch Unterschiede nicht leugnet, ärmer und einsamer sind. In jedem Verhältnis, in dem Partner aufeinander bezogen sind, erst recht aber im Verhältnis zwischen den Geschlechtern, kann der eine nur glücklich sein, wenn auch der andere glücklich ist.

Den ,,kleinen Unterschied", der das Leben anziehend und spannungsvoll macht, sollten wir nicht leugnen oder verwischen wollen. Er ist so alt wie die Menschheit selbst und wird uns so lange erhalten bleiben, wie es sie gibt. Am schönsten ist er vielleicht mit seinem Reiz und seiner Problematik in einer alten indischen Legende ausgedrückt:

Als Gott den Mann erschaffen hatte, stellte er fest, daß er alles verfügbare Material verbraucht hatte. Es gab nichts Festes, Greifbares mehr, woraus er die Frau bilden konnte. Gott dachte lange nach. Dann nahm er die Rundheit des Mondes, die Biegsamkeit einer Weinranke, das Zittern des Grases, die Zartheit des Schilfs und das Blühen der Blumen, die Leichtigkeit der Blätter und die Heiterkeit der Sonnenstrahlen, die Tränen der Wolken und die Flüchtigkeit des Windes, die Furchtsamkeit eines Hasen und die Eitelkeit eines Pfaues, die Weichheit einer Vogelbrust und die Härte eines Diamanten, die Süße des Honigs und die Grausamkeit eines Tigers, das Brennen des Feuers und die Kälte tiefen Schnees, die Geschwätzigkeit einer Elster und das Singen einer Nachtigall, die Falschheit einer Schlange und die Verläßlichkeit einer Löwin. Gott vermischte alle diese Elemente, schuf daraus die Frau und gab sie dem Mann.

Nach einer Woche kam der Mann wieder und sagte: ,,Herr, das Wesen, das Du mir gegeben hast, macht mir keine Freude. Sie redet ununterbrochen und quält mich so sehr, daß ich gar keine Ruhe mehr habe. Sie besteht darauf, daß ich mich ihr ständig widme, und so gehen meine Stunden dahin. Sie regt sich über jede Kleinigkeit auf und führt ein müßiges Leben. Ich will sie Dir zurückgeben, denn ich kann nicht mit ihr leben." Gott war einverstanden und nahm sie zurück.

Nach einer Woche kam der Mann wieder zu Gott und sagte: ,,Herr, mein Leben ist leer, seit ich Dir die Frau zurückgegeben habe. Ich muß immer an sie denken — wie sie tanzte und sang, wie sie mich aus den Augenwinkeln ansah, wie sie mit mir redete und sich an mich schmiegte. Sie sah so schön aus, und es war so gut, sie zu berühren. Ich hörte sie so gern lachen. Bitte, gib sie mir doch zurück." Gott war einverstanden und gab sie ihm wieder.

Aber drei Tage später kam der Mann wieder und sagte: ,,Herr, ich verstehe es einfach nicht – ich kann es nicht erklären, aber nach all meinen Erfahrungen mit der Frau bin ich doch zu dem Ergebnis gekommen, daß sie mir mehr Ungelegenheiten als Freude macht. Ich bitte Dich daher, nimm sie doch wieder zurück! Ich kann nicht mit ihr leben!" Gott antwortete: ,,Du kannst auch nicht ohne sie leben!" Und er wandte dem Mann den Rücken zu und setzte seine Arbeit fort.

Der Mann aber sagte verzweifelt: ,,Was soll ich tun? Ich kann nicht mit ihr leben, aber ohne sie kann ich auch nicht leben!"

Und damit beginnt die Weltgeschichte von Geschlechterliebe und Geschlechterkampf, von der heute noch jede Paarbeziehung und jede Ehe ein täglich beredtes Zeugnis ablegt, von der der Eheberater ein langes, lebhaftes ,,Lied singen kann" und die ich Ihnen in den folgenden Kapiteln eingehender schildern will.

Die Kriegsspiele der Partner

„Wippschaukel": Der Rollenwechsel

„Früher, als ich nach ihm verlangte, hat er sich nicht um mich gekümmert. Es ließ ihn kalt, wenn ich mich ihm nähern wollte. Heute spüre ich eine körperliche Abneigung gegen ihn, und der Erfolg ist: Heute wird er mir lästig mit seinen Annäherungsversuchen. Er kann gar nicht genug von mir haben, nun, da ich nichts mehr von ihm wissen will."

Frau E., eine hübsche, dunkelhaarige und dunkeläugige, bei aller Attraktivität energisch wirkende junge Frau, breitet mit knappen Worten ihr Problem vor dem Eheberater aus. Die Ehe war lange Jahre relativ glücklich, nur fühlte sich die temperamentvolle junge Frau nicht genug geliebt und begehrt von ihrem Mann, den sie im übrigen als einen sehr lieben und fürsorglichen, besonders rührend um die Kinder bemühten Ehemann und Vater schildert. Sie habe alles versucht, um ihn für sich zu interessieren, seine Liebe zu reizen. Er habe darauf nur mit immer mehr Abwendung und Desinteresse geantwortet. Eines Tages habe sie genug gehabt, und – sie kann es sich auch nicht erklären – von da an habe sie eine geradezu physische Abneigung gegen ihren Mann empfunden und sich den ohnehin seltenen Gelegenheiten intimen Zusammenseins nach Möglichkeit auch noch entzogen. Da sei er plötzlich aufgewacht und habe das früher an ihm vermißte Temperament und eine schier unersättliche Begierde nach ihr entwickelt. Er frage sie immer, ob sie ihn nicht mehr liebe, und versuche, diese Liebe zu erzwingen durch zwar nie gewaltsame, aber doch immer neue aufdringliche Zärtlichkeiten.

,,Wie kann so etwas nur kommen, und was soll ich nur tun? Wenn der eine möchte, will der andere nicht, und umgekehrt."

Mit fast den gleichen Worten werden häufig Konflikte dargestellt, die nach dem Muster ,,Wippschaukel" gebaut sind, auch wenn die Fälle, die Anlässe und die Konfliktgebiete verschieden sein mögen. Auf einer Wippschaukel ist der eine oben, wenn der andere unten hockt, und umgekehrt. Ein Gleichgewicht mit Harmonie und Ausgeglichenheit gibt es in solchen Wippschaukelpartnerschaften selten und nur vorübergehend.

Da gibt es Paare, bei denen der eine sich nur wohlfühlt, wenn es dem anderen schlechtgeht. Der eine zeigt Passivität, wenn der andere aktiv wird, um selbst Aktivität zu entfalten, sobald der andere sich resigniert zurückzieht. Verlangen des einen löst Überdruß beim anderen aus, um sich alsbald in Begehren zu verwandeln, sobald der andere sich überdrüssig und desinteressiert zeigt.

Es gibt unzählige Partnerschaften, in denen sich die Rollenverteilung zwischen einem aktiven und einem passiven Partner gut eingespielt und zu einem harmonischen Ganzen entwickelt hat. Für die Wippschaukelpartnerschaften ist jedoch kennzeichnend, daß beide sich nicht etwa ergänzen, sondern abwechseln und dabei in einer inneren Abhängigkeit zueinander stehen. Der eine ist eben nicht immer ‚high' und der andere ‚down', sondern beide wechseln sich darin ab und erleben diesen Wechsel als schweren Konflikt. Sie sehnen sich danach, daß der andere sich entsprechend verhalten möge. Tut dieser es dann, reagieren sie entgegengesetzt auf ihn – und leiden nun auch wieder oder lassen den anderen leiden.

Das Tempo dieses Wechsels ist unterschiedlich. Die Stimmung kann von heute auf morgen umschlagen und die Rollen und Reaktionen vertauschen. Es können aber auch Wochen und Monate darüber vergehen.

„Wenn es so weitergeht, halte ich es nicht mehr aus! Mein Mann interessiert sich anscheinend nur noch für Fußball und Fernsehen. Um die Kinder kümmert er sich überhaupt nicht mehr. Manchmal spielt er sonntags ein bißchen mit ihnen. Sobald ich mich auch dafür interessiere, läßt er es sein und schaltet das Fernsehen an. Dann müssen wir alle ruhig sein. Habe ich dann die Kinder im Bett und könnte auch ein bißchen fernsehen, hat er keine Lust mehr und schaltet ab."

Ein Haustyrann also, der Frau und Kinder schikaniert? Aus der Sicht des Herrn Z. klingt die Sache anders:

„Meine Frau interessiert sich wenig für das, was mich beschäftigt. Erst wenn ich mich abwende, läuft sie mir nach. Wenn ich etwas ohne sie tue, will sie es plötzlich auch tun. Oder es heißt, ich kümmere mich nicht genug um die Kinder. Tue ich es dann aber einmal, drängt sie sich dazwischen und stört die Beziehung zu den Kindern und ihr Vertrauen zu mir, das ich sonst sehr schnell habe. Sie will ausgerechnet immer dann ausgehen, wenn ich erschöpft zu Hause bleiben und mich ein bißchen erholen und pflegen möchte. Mache ich aber den Vorschlag, etwas zu unternehmen, ins Kino zu gehen oder ins Grüne zu fahren, hat sie garantiert Kopfschmerzen und möchte, daß wir zu Hause bleiben."

Wieder ein typischer, sehr verbreiteter Konflikt: Der eine Teil – meistens der Mann, der aus dem Geschäft nach Hause kommt – möchte Feierabend und Wochenende in Ruhe und Bequemlichkeit daheim verbringen, der andere – meistens die Frau, die sich ohnehin in den eigenen vier Wänden eingesperrt fühlt – möchte endlich hinaus, etwas sehen, gesehen werden, sich gut anziehen, gepflegt aussehen, etwas erleben. Dieser Grundkonflikt vieler Ehen läßt sich bei einigem guten Willen und ein bißchen Planung noch relativ leicht lösen. Die Lösung wird meistens ein Kompromiß sein: einmal allein ausgehen, einmal zusammen, einmal bestimmst du, einmal ich, oder nach einem ähnlichen Rezept. Kompliziert wird die Lage erst und sehr viel schwerer lösbar der Konflikt, wenn der Schaukeleffekt dazutritt. Sobald der eine etwas vorschlägt – einen Theater- oder Kinobesuch, eine Wochenendwanderung oder ein Wiedersehen mit alten Freunden –, hat der andere etwas dagegen, anscheinend nur, weil der Vorschlag nicht von ihm kommt. So unterbleiben die meisten Vorhaben. Schlägt der andere selbst etwas vor, Freunde einzuladen oder den Fernsehkrimi anzusehen, mauert der Partner und hat keine Lust.

Lust haben und recht haben vertragen sich schwer miteinander, und darin liegt auch der Kern aller Konflikte vom Typ „Wippschaukel". Offenbar sind in der Beziehung beider Partner zwei gegensätzliche Kräfte am Werk, eine anziehende und eine abstoßende, die sich gegenseitig durchkreuzen. Das kann so weit gehen, daß die beiden es weder miteinander noch ohne einander längere Zeit aushalten – ein Spannungszustand, der mehr Ehen am Leben erhält, als man meinen sollte.

Diese Konfliktlage scheint so etwas wie ein Tribut zu sein, den wir an die partnerschaftliche Ehe zahlen. Durch die Partnerschaft wird die Ehe zwar schöner, aber keineswegs leichter. Vor allem der Konflikt, um den es hier geht, der zwischen Lust haben und recht haben, zwischen Selbsthingabe und Selbstbehauptung, wird in einer Ehe gleichberechtigter Partner sehr strapaziös. Früher waren die Rollen klarer verteilt. Dem Mann kam die Selbstbehauptung zu, der Frau war die Selbsthingabe zugedacht, die zugleich die häuslich-dienende Rolle einschloß. Unter dem Anspruch der Gleichberechtigung verteilen sich die Rollen nicht mehr so, und der Gegensatz zwischen Selbsthingabe und Selbstbehauptung wird nicht einfach durch die Ergänzung beider Geschlechter entspannt und aufgehoben. Im Zeitalter der Gleichberechtigung wird dieser Konflikt in den Menschen selbst verlegt und muß vom einzelnen Partner ausgetragen werden. Trifft der Anspruch auf Selbstbehauptung beim einen auf die Bereitschaft zur Selbsthingabe beim anderen, ist es gut und bleibt es auch dann, wenn in einer anderen Situation ebenso das Umgekehrte eintreten kann, also etwa Entscheidung durch die Frau und Akzeptierung durch den Mann. Treffen aber zufällig oder absichtlich – meist liegt unbewußte Absicht dahinter – die gleichartigen Antriebskräfte zusammen, so sprühen die Funken: Der Konflikt ist da.

Unter dem Stichwort „Interpunktion von Ereignisfolgen" beschreiben Paul Watzlawick und seine Mitarbeiter in ihrem Buch „Menschliche Kommunikation" diese Situation so:

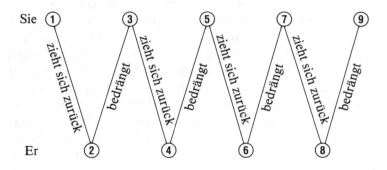

Dabei nimmt jeder der Partner nur seine Seite wahr, sieht also nur die Reaktion des anderen, nicht aber das eigene Verhalten als Ursache für diese Reaktion. Der Mann beschränkt sich auf die Triaden 1-2-3, 3-4-5 usw., die Frau dagegen auf die Abfolgen 2-3-4, 4-5-6 usw. So kann es immer weitergehen in einem zwanghaften Automatismus, bei dem sich an der Struktur nichts ändert, sondern nur die Situationen, Anlässe und Inhalte wechseln.

Manchmal scheint es sich nicht nur um einen Konflikt menschlicher Antriebe, sondern geradezu um einen Konflikt tierischer Instinkte zu handeln, etwa zwischen Jagdinstinkt und Fluchtinstinkt. So haben manche Männer – zum Beispiel Herr E. – erst dann erotisches Verlangen, wenn der Partner Desinteresse zeigt und sich entzieht. Ihre Flucht löst seine Jagdinstinkte aus, ihre Bereitschaft macht ihn uninteressiert. Jeder Angler weiß, daß Friedfische wie Karpfen, Schleie oder Rotauge anders auf Köder reagieren als Raubfische wie Hecht, Forelle oder Barsch. Wird dem Friedfisch der Köder verdächtig, sobald er sich bewegt, so wird er für den Raubfisch erst interessant. Zieht der Angler den Köder hoch, ehe der Fisch gebissen hat, macht der Friedfisch kehrt und ergreift die Flucht, der Raubfisch setzt noch hinterher und packt erst recht zu. In manchen, ja sogar in vielen Ehen scheinen die Partner so etwas wie eine Kreuzung aus Friedfischen und Raubfischen zu sein, wobei der, der den Köder auslegt, nicht weiß, ob er ziehen oder sich ruhig verhalten soll. Die Chance, daß er genau das Falsche tut und der andere gerade anders als erwartet reagiert, ist jedenfalls sehr hoch.

,,Warum muß es nur so sein", fragt Herr R., ,,daß ich es bei meiner Frau nur gut habe, wenn es mir gesundheitlich schlechtgeht? Dann sorgt sie sich um mich, ist liebevoll, sogar heiter und vergnügt. Geht es mir aber wieder gut, tut sie alles, um mich wieder herunterzustoßen; sie stichelt, kritisiert und verhöhnt mich, bis sie mich wieder klein hat. Erst wenn es mir wieder schlechtgeht, fühlt sie sich wohl. Und ich gebe zu: Wenn sie fröhlich ist und lacht, tue ich auch meistens irgend etwas, von dem ihr das Lachen vergeht. Wir haben uns gern, aber Harmonie erleben wir selten."

Beide sitzen mit ihren Gefühlen und Reaktionen auf der Wippschaukel: Was den einen beschwert, erleichtert den anderen, wer jetzt steigt, kann im nächsten Augenblick fallen.

,,Wie kommt es nur, und muß es denn immer so weitergehen?" Diese Fragen werden – meist in äußerster Zuspitzung des Konflikts – immer wieder gestellt. Für die Beteiligten ist das Wechselspiel ihrer Aktionen und Reaktionen ein Rätsel, darum wenden sie sich an einen Dritten. Leider geschieht das meist erst, wenn die Eskalation der Gefühle so weit fortgeschritten ist, daß eine Trennung gegenüber dem Zwangsschaukeln das kleinere Übel zu sein scheint. Aber wie es so oft ist: Sie erkennen nicht, daß der Balken, der sie sowohl verbindet als auch voneinander fernhält, ihre Rivalität ist. Sie lieben sich zwar meistens und möchten ohne einander nicht sein, können aber miteinander nicht lange in Frieden leben. Sie führen einen unterschwelligen Kampf gegeneinander und erheben – meist ohne es auszusprechen oder auch nur selbst zu ahnen – Herrschaftsansprüche. Dabei haben sie ihre Machtbereiche nicht sorgsam gegeneinander abgesteckt, so daß diese sich überschneiden. Früher, als drinnen die „züchtige Hausfrau" waltete und der Mann draußen das „feindliche Leben" bestand, war die Abgrenzung der Herrschaftsbereiche einfacher, weil vorgegeben. Heute muß alles neu geregelt und intern abgesprochen werden. Das setzt eine genaue Kenntnis und zugleich eine gewisse Beherrschung der eigenen Triebregungen, Gefühlserwartungen, Temperamentseigenarten, Interessen und Vorlieben voraus: denn Harmonie spielt sich nur in wenigen glücklichen Fällen von selbst ein. Meistens muß die Balance in gegenseitigem Bemühen gefunden werden, wenn es nicht zu einem irren Auf und Ab und zu jenem gegenseitigen Verschaukeln kommen soll, das so viele Partnerschaften durchschüttelt oder gar erschüttert.

Das Spiel auf der Schaukel – auch hier stimmt der Vergleich – setzt zwei gleichgewichtige Partner voraus. Sie müssen ihre Stärke nicht auf dem gleichen Gebiet haben, aber einer muß sich dem anderen doch so gewachsen fühlen, daß keiner aufgibt. Stimmen die Gewichte nicht, dann zermürben sie sich in dem Wechselspiel des „himmelhoch jauchzend" und „zu Tode betrübt", mit dem sie einander in Atem halten. Machtkampf und Liebesvereinigung schließen einander aus. Ringen beide insgeheim um die Vormachtstellung, wird die Liebe darüber zerbrechen.

Frau E. machte ihr Liebesverlangen zu einem Machtmittel. Sie wollte von ihrem Mann geliebt werden, wenn sie es wünschte. Er wollte es sich aber nicht vorschreiben lassen. Als sie klein beigab, liebte er sie. Nun aber wollte sie – wenn es schon aktiv nicht möglich war – ihre Macht wenigstens passiv noch durchsetzen: Sie weigerte sich und begegnete ihm mit Gefühlen der Abneigung, die ihn wieder ohnmächtig machten.

Frau Z. paßte es nicht, daß ihr Mann seine Freizeit nach seinen Wünschen gestaltete. Er sollte sich nach ihr richten und das Bild vom Vater, das sie in sich trug, auch den Kindern gegenüber ausfüllen. Gewann er das Vertrauen der Kinder, griff sie ein, um nicht ihre Vormachtstellung bei den Kindern zu gefährden, und schob ihn wieder beiseite. Umgekehrt nutzte er seine Machtpositionen innerhalb des Hauses, indem er das Fernsehgerät je nach Belieben an- oder abschaltete und als strategische Nahkampfwaffe einsetzte. Oder er wählte ebenfalls die passive Form des Widerstands und Protests, indem er sich von der häuslichen Front auf den neutralen Kampfplatz des Fußballfeldes zurückzog. Ob ausgehen oder daheimbleiben: Jeder kann Macht ausüben, indem er die Wünsche des anderen blockiert oder ihm – wenn er sich breitschlagen läßt – die Laune am gemeinsamen Unternehmen verdirbt.

Herr R. ist sehr selbstunsicher und stimmungsschwankend. Seine Frau ist ihm zwar körperlich sehr unterlegen, geistig jedoch überlegen, was ihn in seinem männlichen Selbstverständnis stört. Wenn sie unter ihrer Abhängigkeit leidet, spielt sie diese Überlegenheit aus und deprimiert ihn damit. Rächt er sich auf seine Weise, so zertrümmert er ihren Übermut. Ihre Tränen sind das Signal der Kapitulation, das Taschentuch die weiße Fahne.

Selbsthingabe und Selbstbehauptung, diese entgegengesetzten Antriebe, die der Mensch beide dringend zum Leben braucht, sind offenbar schwer zum Ausgleich zu bringen. Bei unterschiedlichen Partnern kann die Wippschaukel stillstehen und einer eben unten und der andere oben bleiben. Wenn beide jedoch den gleichen Anspruch auf Durchsetzung, Achtung, Geltung, ja Macht stellen, tritt unausweichlich der Konflikt vom Typ ,,Wippschaukel" ein.

Ihn zu erkennen, heißt zwar noch nicht, ihn überwunden zu haben. Aber es ist doch der erste Schritt dazu. Was folgen muß, ist die Bestandsaufnahme möglichst aller Erwartungen, Antriebe, Interessen, um sie dann gemeinsam einzuarbeiten in das Wechselgefüge, das eine Ehe bedeutet. Das wird häufig heißen, daß man sich sorgsam voneinander abgrenzt, die Gebiete, auf denen der eine den Ton angibt, möglichst genau unterscheidet von denen, auf denen der andere seine Stärke hat. Auch in der Ehe braucht jeder seinen Machtbereich, in einer partnerschaftlichen Ehe darf jedoch keiner die ganze Macht haben. Nach der ganzen Macht strebt aber in der Regel nur der, der sich machtlos fühlt. Wenn jeder sein Daseinsrecht, seinen Lebensbereich, seine Achtung und Anerkennung findet, kann er auch die Kraft bekommen, den anderen zu achten, zu fördern, ihn weder in den Himmel zu heben noch zu erniedrigen. Störende Rivalität ergibt sich immer nur auf dem gleichen Einflußfeld. Wenn man sich getrennte Sphären gewährt und sich darin gegenseitig achtet, kann es − oft allerdings nur mit der Hilfe eines Dritten − auf der Schaukel der Partnerschaft allmählich zu einer Balance kommen.

„Spitzbubenleiter":
Wenn ein Partner ausgebeutet wird

Ein großer, schlanker Mann tritt in das Sprechzimmer. Maßanzug, graue Schläfen – der Umriß einer strahlenden Erscheinung, zu der nur die sich kreuzenden Notfalten auf der Stirn und der bekümmerte, ja verzweifelte Ausdruck der Augen einen unheilverheißenden Kontrast bilden.

„Ich bin am Ende. Helfen Sie mir, Herr Doktor! Ich kann nicht länger mit meiner Frau zusammenleben. Am liebsten möchte ich überhaupt nicht mehr leben. Sie drückt mir die Atemluft ab. Ich weiß nicht, wie ich es all die Jahre ausgehalten habe."

Herr M. bietet das Bild eines tief deprimierten Mannes, dessen Lebenskurve in der Talsohle angekommen zu sein scheint. Er spricht schleppend, mit langen Pausen, über die Geschichte seiner sechzehnjährigen Ehe. Er hat seine Frau geliebt und schließlich geheiratet wegen ihrer Frische und Natürlichkeit. Unkompliziert und unbekümmert verstand sie es, seine Grillen zu verscheuchen; denn er war auch damals schon ein nachdenklicher, zum Grübeln neigender Mensch. Ihre naive Art der Selbstdurchsetzung imponierte ihm und wirkte zugleich als belebendes Elixier und als Ermutigung für ihn. Er brachte es zu Selbständigkeit und Wohlstand, den sie an seiner Seite mehr als er selbst zu genießen und zur Schau zu tragen verstand. Sie kleidete sich aufwendig, gab große Gesellschaften, in deren Mittelpunkt sie stand, machte Reisen und gründete schließlich ein eigenes Unternehmen, dessen Bankrott er allerdings einige Jahre später nur durch eine Rettungsaktion mit Mitteln aus seinem Betrieb vermeiden konnte.

Das hinderte sie nicht, ihr aufwendiges Leben fortzusetzen, ihn vor allen anderen herunterzuputzen, sich einen stattlichen

Teil des Vermögens überschreiben zu lassen und ihn so materiell, seelisch und sozial immer mehr an die Wand zu drücken. Er, ein skrupulöser, gewissenhafter und fleißiger Mensch, mußte die Hände und den Rücken hinhalten, um seiner Frau den Aufstieg zu Reichtum, Geltung und Erfolg möglich zu machen. Ihre Neigung, aufzusteigen und sich auszubreiten, drückte ihn immer mehr nieder, während sie mit einer von Bedenken nicht getrübten Selbstverständlichkeit über all die Jahre hinweg ihn als Spitzbubenleiter benutzte. So nennt der Volksmund die sinnreiche Methode, mit der schon Schuljungen, die Nachbars Äpfel stehlen wollen, den Mangel an Körpergröße ausgleichen — der eine faltet die Hände hinter seinem Rücken als erste Sprosse jener Leiter, auf der der andere, über die Schultern des ersten, auf den Baum mit den begehrten Früchten gelangt.

Die Spitzbuben in der Ehe sind meistens die Männer. Sie haben die größeren Chancen in Beruf und Öffentlichkeit, während die Frauen oft verkümmern. Sie bürsten ihren Männern die Anzüge aus und die Schuhe blank für die Karriere, an der sie nicht teilnehmen. Die Situation einer Hausfrau ändert sich mit wachsendem Erfolg des Mannes meistens nicht sonderlich. Oft merkt sie den Erfolg nur daran, daß er immer weniger Zeit für sie hat und immer mehr Allüren zeigt. Er wird von anderen Frauen verwöhnt und angehimmelt. Seine Frau daheim bleibt dieselbe, sie wird nicht jünger. Sie kann meistens nicht mitreden bei den Problemen, die ihn beschäftigen. Sie bildet sich nicht genug weiter, weil sie Hausfrau-Sein zwar nicht für einen ausfüllenden, aber doch für einen ausreichenden Beruf hält. Zu ihrem früheren Beruf hat sie den Kontakt verloren, auch zu den Kollegen. Sie lebt mit den Kindern, hält hier und da ein Schwätzchen mit Nachbarinnen und freut sich im übrigen auf die wenigen gemeinsamen Stunden am Abend oder am Wochenende. Sie gerät so in eine völlige Abhängigkeit von ihrem Mann, der seinerseits unbedingt eine Partnerin braucht. Je weiter er kommt, desto nötiger hätte er einen Menschen, der ihn und die komplizierter werdenden Fragen versteht, die mit seinem Aufstieg in Beruf und Gesellschaft verbunden sind. Gesellschaft, das bedeutet für seine Frau nicht Verbandsinteressen, wirtschaftliche Verflechtung, Automation, Management, Pluralismus oder Konzentration, sondern höchstens Firmenjubiläum, Abendkleid, große Oper, der Herr Direktor und ein Glas Champagner.

Die Frau im goldenen Käfig kann anderen Geschlechts- und Leidensgenossinnen gegenüber noch von Glück sagen. Für viele Frauen ist dieser Käfig im Hause eines erfolgreichen Mannes sogar das Traumziel. In der Tat geht es den meisten, die die Hände auf dem Rücken zur Spitzbubenleiter kreuzen, erheblich schlechter. Frau R. ist eine von ihnen.

,,Als mein Mann und ich heirateten, war ich zwanzig, er zweiundzwanzig. Wir kannten uns schon mehrere Jahre vor unserer Ehe, und unsere Heirat war eine Liebesheirat. Mein Mann war damals Student, und ich habe ihm zuliebe meine Ausbildung aufgegeben und bin ins Büro gegangen, weil ich für unseren Unterhalt sorgen mußte und einige Monate später auch noch für ein Kind. Wir wohnten damals bei meinen Eltern, die uns sehr unterstützt haben. Drei Jahre später – wir hatten inzwischen zwei Kinder – bauten wir uns ein kleines Häuschen mit viel eigener Anstrengung und Entbehrung. Ich bin stets bescheiden und fleißig gewesen und habe meinem Mann in jeder Beziehung geholfen, in seinem Beruf weiterzukommen. Er konnte sich selbständig machen, auch das mit meiner Hilfe. Ich machte alle Büroarbeiten, hatte nebenbei drei Kinder und den Haushalt, und dennoch waren wir glücklich. Ich habe genäht und gestrickt und nebenbei noch einen Garten mit Gemüse bearbeitet, um den Haushalt nicht zu teuer werden zu lassen. Das Büro meines Mannes lief gut. Er nahm sich einen Teilhaber, und beide hatten großen Erfolg. Aber er wurde dabei zum Workaholic.

Mein Mann und ich taten in all den Jahren keinen Schritt allein, alles wurde gemeinsam erlebt. Wir hatten nie Urlaub und mußten hart arbeiten.

Vor vier Jahren hat sich mein Mann um 180 Grad gedreht. Er fing an, allein auszugehen und sich in Bars herumzutreiben. Er ging auch ins Freudenhaus; dies hat er mir damals gesagt, und ich habe ihn einmal begleitet, um seine Schulden vom Vorabend zu bezahlen. Er hatte Angst, daß sie ihn allein dort festhielten. Mittags kam er nicht mehr nach Hause, und wenn ich fragte, was denn los sei, bekam ich die Antwort: ‚Das geht dich nichts an, halt die Klappe.' So entstand zwischen uns eine Funkstille. Allerdings muß ich sagen, daß wir uns trotz allem abends im Bett wiederfanden. So kam es auch noch zu dem Unglück, daß ich mein viertes Kind erwartete. Nun kam es an den Tag, daß er ein Verhältnis mit einer Angestellten hatte, die selbst erst ein Vierteljahr verheiratet war. Das Verhältnis dauerte allerdings nur wenige Wochen, bis die Angestellte merkte, daß ich mich nicht scheiden ließ. Sie hätte sich gern ins gemachte Nest gesetzt, denn sie kam aus ziemlich kleinen Verhältnissen. Mein Mann kam zu mir zurück und fragte mich, ob er ihn noch wolle. Ich sagte ihm, daß ich ihn liebte und ihm alles verzeihe.

Aber es wurde nicht anders. Er genoß das schöne Leben und schaute den kleinen Jungen, den ich gebar, nicht einmal an. Das einzige, was er mir einmal sagte, als ich ihn fragte, warum er mich und die Kinder im Stich lasse, war: Er sei ein begehrenswerter Mann, und es sei heute Mode, eine Freundin zu haben, und warum er die Mode nicht mitmachen solle. Ist das ein Argument, eine Liebe und eine Familie aufzugeben?"

Frau R. ist ihrem Mann nicht mehr gut genug, nachdem sie sich jahrelang für ihn geopfert, ja erniedrigt hat. Sie hat seinen Erfolg ermöglicht, seine Entwicklung gefördert, den Unterschied, der sie schließlich trennte, erst möglich gemacht. Diesen Unterschied nutzt er aus, über ihren Rücken zu steigen, sich von ihr zu distanzieren und sie hinter sich zu lassen, ohne – wie ein

Spitzbube es immerhin tut – mit der Beute zu ihr zurückzukehren. Die Beute seiner Siege im Konkurrenzkampf legt er anderen, interessanteren, jüngeren Frauen zu Füßen.

Eine Frau in den Jahren um vierzig hat es nicht leicht. Die Ursachen dafür sind sowohl biologischer als auch sozialer Art. Sie hat oft ihre Chancen verpaßt, die sie mit abgeschlossener Ausbildung wenigstens im Beruf gehabt hätte. In den persönlichen Beziehungen schwinden Schönheit und Attraktivität schnell, vor allem, wenn es an innerer Erfüllung und Zufriedenheit fehlt. Mangel an Anregung und Abwechslung, an Kontakt und Bewunderung lassen viele Frauen in diesem Alter verbittern. Sie haben sich ganz auf den Partner eingestellt, und wenn er sie verläßt, ist ihr Leben ohne Sinn. Diese ausschließliche Ausrichtung auf einen Partner, für den man sich ganz aufopfert, ist in unserer Zeit gefährlich und häufig geradezu selbstmörderisch.

Wer die Schuld an dieser Auseinanderentwicklung hat, ist schwer zu sagen. Wahrscheinlich gibt es keine einseitige Schuld in der Ehe. Die Ehe ist eine Schicksalseinheit, in der beide Partner in so enger Wechselwirkung miteinander stehen, daß alles, was der eine tut oder läßt, auch den anderen betrifft. Das gilt auch für das Nebeneinander und Gegeneinander, keineswegs nur für das Miteinander. Die rücksichtslose Entfaltung des einen führt zur Verkümmerung des anderen. Die Selbstgerechtigkeit des einen setzt den anderen ins Unrecht. Der eine erniedrigt sich, der andere nutzt ihn aus als Steigbügel zum Erfolg.

Wie gesagt: Die Spitzbuben sind meistens die Männer. Aber es kann auch umgekehrt sein. Frau Z. will ihren Mann loswerden und möchte wissen, welche Tatbestände am ehesten eine Scheidung ermöglichen. Beide Partner sind in der Tat sehr verschieden. Sie ist sprühend temperamentvoll, selbstsicher, resolut, unkompliziert und auf eine entwaffnende Weise Mittelpunkt ihrer Umwelt. Er steckt voller Rücksichten und Hemmungen, ist ehrgeizig und strebsam, aber ohne innere Sicherheit und Vitalität. Er hat sich ihr im Laufe der kaum siebenjährigen Ehe mehr und mehr untergeordnet. Frau Z. suchte auch einen ihr bedingungslos ergebenen Mann, gleichzeitig ist er ihr aber zu wenig. Sie möchte einen vitalen Partner haben, der sie auch zu erobern weiß. Ihn glaubt sie in Gestalt eines jüngeren Playboys gefunden zu haben. Der Mann, der sie jahrelang ertragen und versorgt hat, auf dessen Rücken sie ihre Unabhängigkeit erobert und ihr Geltungsstreben befriedigt hat, ist ihr jetzt nur noch einen Fußtritt wert. Vermutlich würde ihr kein Mann genügen, denn sie stellt sehr hohe und heftige Ansprüche an ihren Partner. Sie braucht Publikum für ihren Geltungsdrang und Hörige für ihren Führungsanspruch, zugleich aber Objekte für ihre Leidenschaft und einen männlichen Partner, der sie bezwingt. Sie ist rücksichtslos genug, die jahrelange Aufopferung ihres Mannes weder zu sehen noch gar zu würdigen. Und sie ist zugleich naiv genug zu meinen, sie fände den Mann, der ihr gerecht würde. Aber sie wird, wenn sie über die Spitzbubenleiter gestiegen ist, kaum an die süßen Früchte gelangen, nach denen sie strebt, sonder jäh von dem Baum ihrer Illusionen herunterstürzen und dabei hoffentlich irgendwann aufwachen – zu einem kritischeren Verständnis ihrer selbst und einem liebevolleren für andere Menschen.

Wird ein Partner des anderen so auffällig überdrüssig, kann dies verschiedene Ursachen haben. Es können enttäuschte Ideale dahinter stehen. Solche Ideale bilden sich meist in der frühen Kindheit aus dem Elternleitbild oder dem Gegentyp, der den eigenen seelischen Bestand ergänzen soll. Uns fasziniert gerade das, war wir nicht sind und nicht haben. Diese Ideale werden – meist völlig unbewußt – oft lebenslang verfolgt und wirken nicht selten mit zwanghafter Gesetzmäßigkeit. Wir suchen uns einen Partner aus, der unserem Leitbild entspricht oder wir versuchen, den nicht entsprechenden diesem Leitbild ähnlicher zu machen. Beides muß enttäuschen, weil es diese völlige Übereinstimmung nicht gibt und auch nicht geben kann. Erst mit wachsender Reife lernen wir, auch die Wirklichkeit zu lieben, ihr gleichsam ihre Würde zurückzugeben, statt sie an unerfüllbaren Idealen zu messen.

Besonders gravierend wird das Unrecht des Ideals dann, wenn es mit sozialer und menschlicher Unterdrückung verbunden ist, und wenn der Stärkere den Schwächeren nicht nur zu werben, sondern auch mit Druck und Nachdruck zu seinem Glück zu zwingen versucht.

Glücklicher werden meistens beide nicht, nicht der Partner, der sich bückt, und nicht der, der über ihn hinwegsteigt. Wem der erste Partner nicht genügt, findet sehr bald auch den zweiten unzulänglich. Das ist jedenfalls die Regel, das andere die Ausnahme. Dennoch wird die Spitzbubenleiter immer eine Versuchung bleiben, solange die Entwicklungsvoraussetzungen für beide Partner so unterschiedlich sind und solange Aufstieg in einer nach Klassen geschichteten Gesellschaft möglich und erstrebenswert erscheint. Da kommt es vor, daß ein Facharbeiter ein Mädchen aus seinen Kreisen heiratet, seinen Ingenieur macht, sich vom Abteilungsleiter seiner Firma schließlich zum Direktor entwickelt – und seine Frau bei den mittlerweile vier Kindern zurückläßt. Sie blieb das alte Arbeitermädchen, ungelenk im Ausdruck, unzulänglich in der Bildung, unsicher im Geschmack. Kurz, er geniert sich nun mit ihr, weiß nichts mehr mit ihr zu reden und fliegt natürlich – wie meistens in solchen Fällen – auf eine seiner beiden hübschen, klugen, anpassungsfähigen Sekretärinnen, von der er sich verstanden und bewundert fühlt. Er gibt zwar die Ehe pro forma nicht auf – das würde seinem Ruf schaden –, aber er verbringt immer häufiger die Wochenenden mit seiner Bürogeliebten in einer jener aufwendigen und verschwiegenen Prominentenabsteigen, die an den schönsten Plätzen der Erde nicht zuletzt zu diesem Zweck eingerichtet sind. Im höheren Management, zunehmend auch schon im mittleren, ist die Spitzbubenleiter als soziales Modell auch gastronomisch schon eingeplant.

Mobile, aber ungerechte Gesellschaft, die den Lebensgenuß des einen Geschlechts auf dem Rücken des andern ermöglicht! Natürlich gehört ein bißchen Kleingeld dazu. Der Spitzbube vergißt nur oft, daß sein Ursprungspartner an seinem Verdienst – soweit der gesetzliche Güterstand herrscht – zur Hälfte beteiligt ist. Meistens spürt der Partner jedoch davon wenig. Außer den üblichen Entschädigungsgeschenken, die dem schlechten Gewissen entspringen, und der bürgerlichen Reputation der noch nicht geschiedenen Frau, natürlich den Kindern und meistens der Hausarbeit bleibt ihm nicht viel. Wenn das Band einmal gerissen ist, das beide Partner im Gespräch hält, sie füreinander interessant bleiben und voneinander etwas erwarten läßt, geht es mit dem einen meist so schnell bergab wie mit dem anderen bergauf. Je mehr Aktivität, Betriebsamkeit, Erfolge auf der einen Seite, desto mehr Verhärmung, Bitterkeit, seelische Verkümmerung auf der anderen.

Mit Recht wehrten sich vor allem Frauen gegen dieses Unrecht, und emanzipierte Männer verzichten darauf, ihren Aufstieg auf Kosten des Partners zu betreiben.

Der Kampf der Frauen muß jedoch für die Ehe nicht unbedingt von Vorteil sein. Das Widersinnige ist: Duldet die Frau still vor sich hin, wird sie zerdrückt, und den Kindern wird ein verzerrtes Bild von möglicher Ehe vermittelt. Protestiert sie und macht sie sich unabhängig, ohne den Mann zu ändern und ihn zu überzeugen, nehmen die Konflikte zu, und die Ehe geht mit noch größerer Wahrscheinlichkeit auseinander.

Beruflich überforderte oder auch nur strapazierte Männer sind häufig problematische Ehegatten und Väter. Viel zu oft bringen sie den geschäftlichen Konfliktstoff in die häusliche Umgebung, reagieren sich an Ehefrau und Kindern ab und benutzen so die Ehe als Streßventil.

Günther und Erika P. haben keine finanziellen Sorgen. Günther bezieht als Geschäftsführer einer mittelgroßen Firma ein gutes Gehalt. Erika kümmert sich um den Haushalt und das Kind. Das einzige Problem dieser Beziehung: Wenn Erika sich auf den gemeinsamen Abend mit ihrem Mann freut, erlebt sie meist eine Enttäuschung. Günther hat sich einen Aktendeckel voll Arbeit mit nach Hause gebracht und ist nicht ansprechbar. Er liebt seine Frau, doch wenn er überhaupt mit ihr spricht, murmelt er etwas von Ärger mit Mitarbeitern, Konkurrenzdruck, Absatzsorgen. Er ist fahrig und unkonzentriert, einfach gestreßt und ein Workaholic.

Der hohe Leistungs- und Zeitdruck, die Rivalitäts- und Konkurrenzspannungen, der Zwang zur Karriere, der eigene Ehrgeiz, vielleicht auch Sauberkeits- und Perfektionszwang, aber auch die Angst zu versagen, haben hier ganze Arbeit geleistet. Dies sind aber nur einige Ursachen für Streß. Sie können auch dann entstehen, wenn man Sorgen um seinen Arbeitsplatz hat, die Raten für das gerade erst erbaute Haus belasten oder wenn man mit familiären Problemen nur schwer fertig wird.

Nun gibt es keine einheitliche Grenze, wann eine Situation als Streß empfunden wird. Während der eine bereits bei leicht gestiegenen Anforderungen unruhig reagiert, empfindet der andere mit dem „dicken Fell" die Situation als völlig normal.

Ein Chef wird diesen Leistungsdruck häufig bei Untergebenen ablassen können. Den meisten Menschen bleibt allerdings nur das Herunterschlucken, ja im Gegenteil, sie müssen sogar noch freundlich sein.

Der einzige Ort, wo sie diese Unzufriedenheit, manchmal Aggression, loswerden können, ist zu Hause. Hier muß man sich nicht beherrschen, also keine gute Figur machen, kann sich gehenlassen. Die Ehe vermittelt den meisten Menschen das Gefühl von Heimat und Heimeligkeit, von Vertrauen und Vertraulichkeit. Es enthält aber auch die Gefahr, daß die Probleme des

Berufsalltags sich auf diese Weise in dieser weichsten und empfindlichsten persönlichen Beziehung niederschlagen. Der Rüffel des Vorgesetzten wird an die Ehefrau oder die Kinder weitergegeben.

Eine solche Ehe wird über kurz oder lang in ganz erhebliche Schwierigkeiten geraten. Ein Ehemann, fahrig, unkonzentriert und gestreßt, wird kaum Veränderungen in der Familie bemerken. Die Bemühungen der Ehefrau, durch ein hübsches Äußeres Aufmerksamkeit zu erhalten, wird er vielleicht kaum feststellen. Für seine Kinder wird er ebenfalls kaum Zeit erübrigen können. So kann es passieren, daß er irgendwann eine leere Wohnung vorfindet. Seine Frau und die Kinder sind ausgezogen. Unter Umständen haben sie mit Hilfe eines neutralen Dritten die Möglichkeit, wieder zueinander zu finden. Alle Beteiligten müssen aber begreifen, daß für die künftige Ehe ein ganz anderes Fundament erforderlich ist.

Beruflicher Dauerstreß muß durch Entlastung aufgehoben werden. Darüber hinaus ist es erforderlich, daß der Ehemann die gewonnene Freizeit für seine Familie nutzt.

Jedoch kann man den Streß nicht von vornherein als eine negative Zeiterscheinung verdammen. Neuere Erkenntnisse der Forschungen haben ergeben, daß Streß – solange er keine Überforderung beinhaltet – lebensnotwendig ist. Er trägt dazu bei, den Menschen körperlich und seelisch aktiv zu halten. So leiden Arbeitslose, aber auch kranke und alte Menschen häufig unter einem unbefriedigenden Streßmangel. Ähnlich wie die Überforderung kann also auch die Unterforderung zu Problemen in der Partnerbeziehung führen. Der Idealzustand ist wahrscheinlich ein wohldosierter Wechsel zwischen den Leistungsanforderungen. Sie müssen bejaht und ausgefüllt werden, um Erfolg und soziale Anerkennung, zum Beispiel im Betrieb, zu erreichen.

Es muß aber auch Entspannungsphasen geben, in denen wir nichts von uns selbst und von anderen verlangen. Solche Momente sollten wir einfach lustvoll genießen. Wir sollten unsere Hobbys und Interessen, Sinnesempfindungen und Gefühle erleben und auskosten. Dieses Gleichgewicht müssen wir bewahren und erhalten beziehungsweise wiederherstellen, indem wir nach den Gründen unserer inneren Spannung suchen: Bin ich beruflich über- oder unterfordert? Kann ich meine Arbeit grundsätzlich oder zeitweise nicht schaffen? Verlangen meine Angehörigen zuviel von mir? Bin ich zu ehrgeizig? Bin ich gestreßt, weil ich dauernd Niederlagen und Mißerfolge einstecken muß? Bin ich deshalb mit mir selbst ständig unzufrieden?

Im übrigen hilft vielfach eine sinnvolle Arbeitsplanung, um das Tagespensum zu schaffen. Bevor wir uns in Zeitdruck bringen, sollten wir uns stets überlegen, ob es nicht einen anderen Weg gibt. Bei einem Mehr an Entspannung oder in ganz bewußt eingelegten Erholungspausen bleibt Zeit zu überlegen: Sind wir auf die Ehe als Streßventil wirklich angewiesen?

Die Ursachen für zuviel Streß und Partnerprobleme sind immer wieder dieselben: eine unterschiedliche, gesellschaftlich und traditionell bedingte Rollenverteilung zwischen den Partnern. Der eine glaubt das Recht zu haben, sich auf Kosten des anderen weiterzuentwickeln, und der andere stimmt dem auch noch zu. Die Folge, die den Konflikt schließlich als solchen spürbar oder − was immerhin schon hoffnungsvoll wäre − auch erkennbar werden läßt, ist das Abreißen des Gesprächsfadens. Man hat keine gemeinsamen Themen mehr, keine Lust, sich für die anderen Aufgaben und Interessen des Partners aufzuschließen. Man hakt aus, hängt ab, läßt ihn seiner Wege gehen. Manche meinen, dieses konfliktfreie Nebeneinander sei erträglicher als ein Alltag voller Konflikte. Das mag vereinzelt stimmen. Als Regel jedoch ist es falsch, weil der Streit immerhin noch eine Form des Gespräches ist und neue Berührungspunkte schafft. Auch macht er die Spannung deutlich und verstärkt den quälenden Drang, sich zu vertragen, was ja zum Glück häufig genug auch noch geschieht.

Das gelingt allerdings nur, wenn genug Gemeinsamkeiten, ähnliche Bezugsebenen und Gesprächsthemen da sind, die den Kontakt mit dem anderen ergiebig machen. Darauf sollten beide Teile sorgfältig achten. Sobald sich Differenzen einstellen, sobald sich einer von der gemeinsamen Basis abhebt, sollte er entweder den anderen nachfliegen lassen oder wieder neben ihm landen. Das Band, das zwei Menschen miteinander verbindet, kann zwar gespannt sein, es darf sogar gedehnt, aber nie zerrissen oder abgeschnitten werden. Deutet sich das an, dann ist es höchste Zeit, gemeinsam Urlaub zu machen, den Konflikt beim Schopf zu packen und sich über alle Ursachen, Zusammenhänge und Folgen klarzuwerden. Einer wird zurückstecken, der andere aufholen müssen, der Partner wird ihm dabei helfen können.

Beide könnten zum Beispiel einmal ihre Rollen vertauschen: Er wäscht ab und kümmert sich um die Kinder – sie pflegt das Auto oder erledigt die Korrespondenz. Aber indem man Rollentausch versucht, bestätigt sich nur die Grenzziehung zwischen den Rollen. Und eben diese selbst ist fragwürdig. Mindestens sollten Rollen fließende Übergänge und individuell zu vereinbarende Schwerpunkte haben, aber jederzeit auch zur Disposition und in Frage gestellt werden können. Junge Paare tun gut daran, hierzu gegenseitig ihre Bereitschaft zu erklären und zu beweisen. Nur so bleibt die Kommunikation dynamisch und fruchtbar.

Die Voraussetzung dafür ist jedoch die Einstellung, daß beide das gleiche Recht haben, sich zu entfalten, am gesellschaftlichen Leben Anteil zu nehmen, mitzureden und mitzuentscheiden, kurz, glücklich zu werden. Dazu werden beide Partner – oder mindestens einer – überkommene Vorstellungen von der Rolle des Mannes und der Rolle der Frau, von Vorrechten und Pflichten, die meist aus dem eigenen Elternhaus und der umgebenden Gesellschaft stammen, ablegen und für immer überwinden müssen. Gelingt das nicht, so geht der Krieg weiter, dessen beliebtestes und rücksichtslosestes Mittel die Spitzbubenleiter ist. So kann es zum Beispiel auch einmal sein, daß die Frau die erfolgreichere der beiden Partner ist.

„Dir ist der Beruf ja bald noch wichtiger als mir", stieß Gerd (40) in einer Mischung von Unmut und Bewunderung hervor. Ihm war die plötzliche Karriere seiner Frau Ariane (39) nicht ganz geheuer. Auch wenn sie sich darüber einig gewesen waren, daß einer der Laufbahn des anderen nicht im Wege stehen sollte.

Er war Einzelhandelskaufmann und sie Sekretärin. Nun hatte sie das Angebot bekommen, Chefsekretärin und später Direktionsassistentin zu werden. Natürlich mußte sie dazu einige Fortbildungskurse besuchen, die meistens am Wochenende stattfanden. Das allerdings störte ihn nicht weiter.

Ariane suchte derweil den Erfolg und genoß die wachsenden Möglichkeiten ihrer neuen Aufgabe und die damit auch gewachsene Anerkennung. Natürlich besserte sich auch ihr Einkommen.

Der Tag war absehbar, an dem sie mehr verdienen würde als er. Das fand er zunächst auch erfreulich. Als er aber von Freunden häufiger darauf angesprochen wurde, beschlich ihn langsam ein merkwürdiges Gefühl: War er etwa doch ein Versager?

Damit war Gerd natürlich nicht einverstanden. Und wenn er sich überlegte, ob die Karriere seiner Frau nun überwiegend Vorteile gebracht hatte, so kam er allmählich zu dem Ergebnis: Zwar gab's mehr Geld, das sie auch großzügiger ausgab, aber auch mehr Streß, weniger Zeit, mehr Ungeduld. Und auch nicht mehr die weibliche Angepaßtheit, die er früher so sehr an ihr geschätzt hatte.

Während früher nur das Umgekehrte denkbar war, müssen sich heute immer mehr Männer an das Leben mit einer erfolgreichen Frau gewöhnen. Sie spielen neben den Karrierefrauen oft eine sichtlich klägliche Rolle. Wenn eine Frau Karriere macht, ist sie besonders dynamisch, aktiv, selbstbewußt. Was bleibt dem Mann daneben übrig, als die zweite Geige zu spielen und defensiv zu leben, wenn nicht nur zu überleben? Der Karrieretyp von Frau, vor dem die meisten Männer die Flucht ergreifen, neigt tatsächlich dazu, den Mann ,,unterzubuttern''.

Um es zum Erfolg zu bringen, braucht sie ja auch besonders viel Aktivität und Energie. Solche Frauen haben dem Durchschnitt der Männer gegenüber sehr viel Elan und sind gewohnt, ihn einzusetzen und sich gegen die Männer durchzuboxen. Was sie außerhalb des Hauses mit Erfolg praktiziert haben, versuchen sie auch in der Ehe oder Partnerschaft. Vielleicht oder sogar wahrscheinlich haben sie den Mann ihrer Wahl geheiratet, dem oft gar keine nennenswerte Wahl blieb und der sich auch in dieser Rolle zunächst wohlfühlte.

Es sind häufig ganz bestimmte Männer, die sich von erfolgreichen Frauen angezogen fühlen und die umgekehrt anziehend auf solche Frauen wirken. Nicht selten sind es Männer, die schon aktive und bestimmende Mütter gehabt haben, die ihnen von klein auf alle Schwierigkeiten aus dem Wege geräumt, über sie bestimmt und ihnen gesagt haben, was sie tun sollten. Bei dieser Gewohnheit, die oft durch Verwöhnung schmackhaft gemacht wurde, sind sie Söhne geblieben, auch wenn sie erwachsen waren. Es schien die einfachste Art zu leben. Die Partnerin brauchte nur in die schon vorgeformte Rolle einzusteigen wie in ausgetretene Pantoffel.

So finden wir unter den Männern erfolgreicher Frauen besonders anpassungsfähige, sensible und – wie es vielen jedenfalls erscheint – feminine Männer. Das muß aber nicht so sein. Sie sind häufig durchaus fähig, selbst Aktivität und Initiative zu zeigen; nur bestimmten Frauen gegenüber sind sie aus der vertrauten Rolle heraus passiv.

Wir finden auch häufig Männer mit einer Neigung zur Sorglosigkeit (Typ Playboy) oder zur Verschrobenheit (Typ Tüftler) oder Männer mit ausgeprägten Spezialinteressen und -fähigkeiten (Typ Gelehrter) unter den Frauen abgeschirmt und aller störender Entscheidungen enthoben. Dafür nehmen sie die ihnen geringfügig erscheinende Einbuße in Kauf, als Pantoffelhelden zu gelten.

Als Pantoffelhelden bezeichnen wir Männer, die zu Hause nichts zu sagen haben, die nicht fest, sondern eben nur in Pantoffeln auftreten dürfen. Sehr häufig entschädigen sie sich für ihr Schicksal, dem Machtdrang ihrer Frauen unterworfen zu sein, durch Maulheldentum am Stammtisch oder im Kegelklub oder im Betrieb oder auch bei anderen Frauen.

Aber diese extreme und ein wenig schiefe Rollenverteilung ist nicht gemeint, wenn von der wachsenden Notwendigkeit gesprochen wird, daß Männer sich auf den Erfolg ihrer Frauen einstellen müssen. Unsere Zeit erkennt endlich, daß die Frau das gleiche Recht auf Selbstverwirklichung und Sinnerfüllung in Beruf und Öffentlichkeit besitzt wie der Mann. Niemand hat ein Recht, diese Entfaltung zu verwehren, wenn die Frau sie wünscht. Das geschieht aber noch ständig durch Erziehung, gesellschaftliche Vorurteile und wirtschaftliche Benachteiligung der arbeitenden Frau. Wenigstens der eigene Mann sollte erkennen, daß eine Frau im elektrifizierten Kleinhaushalt nicht restlos ausgefüllt sein kann, auch wenn es für ihn bequemer ist. Die meisten Frauen werden sich damit auf die Dauer nicht zufriedengeben.

Eine Partnerschaft kann nur gelingen, wenn sich nicht nur die gesellschaftlichen Verhältnisse, sondern auch die Einstellungen ändern. Beide Partner müßten ihre veränderte Situation besprechen, die Aufgaben neu verteilen:

- Die beruflich stark engagierte Frau muß natürlich vom Haushalt entlastet werden. Der beruflich weniger belastete Mann hat automatisch so etwas wie die Rolle des Hausmannes zu

übernehmen, ohne sich deswegen weniger wichtig fühlen zu müssen.
- Die Karrierefrau muß sich bewußt sein, daß sie sich auch in ihrem Wesen verändert: gestreßter, ungeduldiger und vielleicht auch härter wird. Darum sollten Liebe, Fürsorglichkeit und Behutsamkeit nicht zu kurz kommen.
- Wichtig ist, daß beide sich in gleicher Weise respektieren, so daß Achtung und Liebe nicht erkalten. Hierzu werden eine unendliche Geduld und viel Zeit für lange und aufmerksame Gespräche nötig sein. Aufbrechende Gegensätze müssen immer wieder überbrückt und ausgeglichen werden. Eine erhöhte Sensibilität füreinander ist in dieser Art Partnerschaft besonders wichtig. Sie erfordert doppelte Bemühung, wenn die Beziehung gutgehen soll.

„Almrausch":
Wir sind über den Berg –
ab jetzt geht es bergab

Häufiger, als man denkt, gibt es Partnerschaften, die sich durch zehn oder fünfzehn Jahre scheinbar glücklich entwickeln, in denen es sogar Jahr für Jahr aufwärtsgeht, und in die dann von heute auf morgen Krisen einbrechen, die zerstörerisch wirken oder aber die Beziehung auf eine völlig veränderte Ebene stellen können. Über ein friedliches Land bricht ein Krieg herein und zerstört in kürzester Zeit alles, was in vielen Jahren mit Liebe und Geduld aufgebaut wurde. Niemand weiß, wer den Frevel verschuldet hat und wie der Krieg zustande kam.

„Wir sind jetzt zwölf Jahre verheiratet. Mein Mann ist drei Jahre älter als ich, ich bin vierunddreißig. Unsere Ehe war, soweit ich es beurteilen kann, immer glücklich. Wir sind zwar sehr verschieden. Mein Mann ist stärker gefühlsbetont, etwas weich und wechselhaft. Ich muß bei uns die Führung im Haushalt, in der Kindererziehung und zu einem Teil auch in der Ehe übernehmen, und mein Mann läßt sich auch ganz gerne führen. Denken Sie aber bitte nicht, er sei ein Waschlappen und Pantoffelheld. Nein, er ist sehr tüchtig, wird im Beruf anerkannt und bewundert, er ist vielseitig begabt, vor allem musikalisch. In seiner Freizeit leitet er zwei Chöre, spielt mehrere Instrumente und hat überdies auch in seinem Beruf als Ausbildungsleiter den denkbar größten Erfolg."

Frau H. ist eine aparte, etwas zerbrechlich aussehende, kluge junge Frau, die jünger wirkt, als es ihre freimütige Altersangabe vermuten läßt. Tochter eines Hochschullehrers, hat sie ihr eigenes Studium dem Mann und der Ehe zuliebe aufgegeben und führt nun den Haushalt und erzieht die gemeinsamen drei Kinder offenbar mit sicherer Hand. Ihr Mann ist dieser Hand aber anscheinend in letzter Zeit entglitten.

„Jetzt überrascht er mich damit, daß er schon seit längerer Zeit eine Freundin hat. Ich habe sie kennengelernt – ein sehr vitaler Typ, mit dunklen langen Locken, etwas zigeunerhaft und sicher sehr temperamentvoll. Mit einem Seitensprung könnte ich mich vielleicht noch abfinden, aber das Schlimme ist: Er erklärt mir, er könne ohne diese Frau nicht leben, verbringt mehrmals in der Woche die Abende mit ihr und will sie nicht aufgeben. Er sagt zwar, zwischen ihnen seien keine intimen Beziehungen. Die Frau verstehe ihn, er fühle sich wohl bei ihr, und ich solle ihm die Freude lassen. Andererseits leidet er auch unter diesem Konflikt, weil er mich mag und mich nicht verlieren möchte. Ich bringe es aber nicht über mich, meinen Mann mit einer Frau zu teilen. Scheiden lassen möchte ich mich nicht, denn wir waren bisher sehr glücklich miteinander, und ich kann nicht verstehen, warum es nun plötzlich anders sein soll."

Beim nächsten Mal kommt Herr H. mit, etwas unwillig und gequält, wie es scheint, aber dann doch bereit zu sprechen. Er ist ein großer, wuchtiger Mann mit einem merkwürdig weichen, schlaffen Kindergesicht, auf dem er eine treuherzige Leidensmiene zur Schau trägt. Einerseits männlich, andererseits infantil. Er war das einzige Kind einer Mutter, die alles für ihn tat, vor allem, nachdem der Vater starb. Herr H. kannte ihn kaum noch und ist wahrscheinlich damals drei oder vier Jahre alt gewesen. In der Schule hatte er stets gute Noten, ohne sich sonderlich mühen zu müssen. Auch später fand er immer wieder Freunde und Gönner, die ihn förderten. Sein Studium jedoch brachte er nicht zu Ende, weil er die Angst vor dem Examen nicht überwinden konnte. Diesen Widerstand hätte er allein durchstehen müssen, und das war er nicht gewohnt, weil ihm bisher alle Widerstände aus dem Weg genommen oder zumindest leichter gemacht worden waren. Erst sein heutiger Schwiegervater, zu dem er ein sehr gutes Verhältnis hat, ermutigte ihn, wenigstens ein Fachschulexamen abzulegen, was er dann auch mit Erfolg tat. So blieb aufgrund seiner guten intellektuellen und musischen Begabung, vor allem aber dank der Förderung von Wohlwollenden, die Erfolgssträhne erhalten. Heute ist er auf der Höhe seines beruflichen Erfolges. Frauen finden ihn anziehend, sei es um seiner Männlichkeit, sei es um seiner Kindlichkeit willen. Er weiß das, und es gefällt ihm. Seine eigene Frau hat ihn umsorgt und getröstet, wenn er eine seiner depressiven Anwandlungen hatte. Denn er ist ein sehr empfindsamer Mensch, der sich Gefühlen, vor allem solchen der Enttäuschung und des Kummers, gern und schnell hingibt, um sich betreuen und verwöhnen zu lassen. Das ist er von frühester Kindheit an so gewohnt. Seine Frau hatte ihn gleichzeitig gestützt und gezogen, auch ein bißchen erzogen und geführt. Zugleich aber hat sie ihn anerkannt, ja bewundert. Eine Mischung, die Männern nicht allzuoft zuteil wird und mit der er sich auch zwölf Jahre lang einigermaßen wohl gefühlt hatte. Er dachte nicht darüber nach und nahm diese durchaus abgewogene Mixtur aus Fürsorge und Führung einfach hin, rieb sich wohl gelegentlich daran, fühlte sich vielleicht unfrei, empfand sie aber als selbstverständlich.

Dann lernte er jene Frau kennen, die den Anlaß zum Besuch von Frau H. in der Eheberatung gab und die ihn, wie er mit leicht gequältem Ausdruck zugibt, von Anfang an fesselte und nicht wieder losließ. Er glaubt, in ihr eine Frau gefunden zu haben, die nicht nur attraktiver und vitaler ist, sondern ihn auch besser versteht, sich mehr in ihn einfühlt und auf seine weicheren, musischen Seiten einstellt. Im Unterschied zu seiner Frau spielt sie Klavier und hat eine große Plattensammlung.

Er hat versucht, die beiden zusammenzubringen und Toleranz für die jeweilige Konkurrentin zu wecken. Die Freundin hat zugestanden, daß sie ihn der Ehefrau nicht abspenstig machen und auf keinen Fall seine Scheidung betreiben will. Die

Ehefrau ist mit dieser Aufteilung verständlicherweise nicht einverstanden und leidet unter seinen häufigen Besuchen bei ihr. Besonders leidet sie aber darunter, daß er ihr mehrfach versprochen hat, sich von der anderen Frau zu trennen, um dann doch wieder Anlässe zu finden, sich mit ihr zu treffen oder einen Abend in ihrer Wohnung zu verbringen. Er weiß, daß es unvernünftig ist, und kann es doch nicht lassen, will es im Grunde auch nicht.

Dieser Fall steht für viele, bei denen man nur den Namen, den Beruf und den Ort auszuwechseln braucht, um fast dieselben Konstellationen und Rollenverteilungen vorzufinden. Sogar das Alter ist in den meisten Fällen fast dasselbe. Offenbar handelt es sich um einen Konflikt, der sich in einer bestimmten Lebensphase und unter bestimmten Umständen nahezu zwangsläufig entwickelt.

„Vierzig Jahre sind das Greisenalter der Jugend, fünfzig Jahre die Jugend des Greisenalters", sagt Victor Hugo. Die Lebenskrise des Mannes in den Fünfzigern ist seit langem bekannt. Kaum bekannt ist hingegen die andere, nicht weniger schwerwiegende Krise um vierzig, die besonders jene Männer gefährdet, die auf der Höhe ihres beruflichen Erfolges stehen. Je höher die Stellung ist, desto früher werden die Weichen gestellt und desto früher zeichnen sich auch die Grenzen der Entwicklung und das Maximum des Erreichbaren ab. Als Faustregel gilt heute: Was man mit vierzig nicht erreicht hat, schafft man nicht mehr. Das ist jener Tropfen Wermut in dem Wein des Glücks und der Bewunderung, den der erfolgreiche Mann ebenfalls um die Vierzig mit vollen Zügen genießt. Er ist auf dem Gipfel. Das Ziel des Aufstiegs ist erreicht, aber hinter dem Gipfel wird der Abstieg geahnt, auch wenn er noch nicht sichtbar ist. Das verleiht gerade diesen Jahren, bei einigen etwas vor, bei anderen nach der Schwelle des vierzigsten Geburtstages, jenes faszinierende Gefühl, das dem Almrausch zu vergleichen ist, dem Höhenkoller, den jeder Bergsteiger kennt, noch mehr aber der Kletterunkundige. Und die Höhen des Lebens erklettern wir ja alle zum ersten Mal und sind darum blutige Anfänger.

Die dünne Höhenluft des Erfolges läßt das Blut stärker kreisen und erzeugt einen leichten Schwindel. Man tut Dinge, die man sonst nicht tun würde. Und wenn dazu noch der betäubende Duft jener in zartem Purpur blühenden Azaleen kommt, denen man – ebenfalls ganz unvernünftig – den Namen Alpenrose gegeben hat und die im Volksmund Almrausch heißen, so werden die Sinne vollends verwirrt.

Besonders bei Männern, die jahrzehntelang erst ihrer Mutter, dann ihrer Frau folgten, die brav, solide und glücklich lebten und denen dieser Zustand gedankenlos selbstverständlich war, kommt jetzt die Krise. Weit vom Boden der Tatsachen entfernt und mit dem Haupt den Wolken nahe, bauen sie sich dort ein Luftschloß und versuchen alle Träume zu verwirklichen, zu denen es bisher aufgrund nüchterner Tatsachen keinen Weg zu geben schien. Gerade Männer mit großer Mutterabhängigkeit, unausgelebter Pubertät und einer gewissen Unselbständigkeit, die energische Frauen anzieht, von denen sie dann auch geheiratet werden, zeigen diese Reaktion.

Sie machen ihren Frauen, die gar nicht wissen, womit sie das verdient haben, in diesem Alter einen Kummer nach dem anderen. Die Romanzen und Affären lösen sich ab. Die Männer spüren zwar, daß sie ihren Frauen Leid zufügen, wie sie einst als junger Wildfang der Mutter Sorgen bereitet haben. Aber sie sind wieder mit ganzem Herzen in die Sphäre des kindlichen Wildfangs ohne Verantwortung eingetaucht, versprechen alles und halten fast nichts. Vielleicht leiden sie auch ein wenig, aber sie können nicht anders, als sich traumhaft zu verlieben und sich wieder ganz jung zu fühlen.

Diese Krise ist, verglichen mit der in den Fünfzigerjahren, deshalb schwerer, weil sie nicht nur den Charakter des Illusionären hat. Der Mann, der auf die Sechzig geht, holt die Träume seiner Jugend nach, und er weiß, daß es sich um Träume handelt, auch wenn er es zeitweise vergißt. Er ist selten bereit, seine Ehe, die meistens schon die Silbermarke überschritten hat, ernsthaft zu gefährden. Wenn die Frau ein Auge zudrückt und ihm verzeiht, wird er in der Regel zu ihr zurückfinden. Diese Wirklichkeitsflucht ist ganz auf die Vergangenheit gerichtet. Der Vierzigjährige jedoch spielt ernsthafter mit dem Gedanken, ein neues Leben zu beginnen. Wenn die Frau jetzt falsch handelt, kann es ihr leichter passieren, daß sie den Mann an die Konkurrentin verliert.

Die andere Frau, gewöhnlich etwas jünger und attraktiver, nimmt ihm das Gefühl, älter zu werden, und die Angst vor dem Ende der Erfolge. Sie ist die ideale Ausweichmöglichkeit für den Wechsel der Zielrichtung, der in diesem Alter für den aktiven Mann nahezu unausweichlich ist. Denn für sein Streben nach Anerkennung und Erfolg, nach Eroberung und Bewunderung, das er fünfzehn oder zwanzig Jahre fast ganz im Beruf ausgetobt hat, braucht er neue Betätigungsfelder, um der unvermeidlichen Enttäuschung auszuweichen, die der Beruf mit sich bringen müßte. So beginnt er gleichzeitig oft mit bisher unbekannten sportlichen Aktivitäten, spielt Golf, segelt, reitet oder fliegt. Wirtschaftlich hat er im wesentlichen erreicht, was er erreichen wollte. Den Herzinfarkt will er vermeiden und noch etwas vom Leben haben. Gerade sehr aktive ziel- und pflichtbewußte Männer sind meistens streng und puritanisch erzogen. Sie haben jetzt das Gefühl, etwas versäumt zu haben vom Leben und auch in dieser Hinsicht sich neu orientieren zu müssen. Was liegt näher als der Wunsch, einmal mit einer jüngeren Frau Ferien auf einem Kabinenkreuzer oder einer Safari zu machen, um sich dann zu überlegen, ob man zur ,,alten'' zurückkehrt oder ein ganz neues Leben beginnt. Meistens wollen Männer, die so lange ihrer Frau die Treue gehalten haben, ihr nicht von heute auf morgen für immer den Rücken kehren. Sie sind für eine Zeit der Trennung oder für ein Arrangement, ein geduldetes Dreiecksverhältnis auf Zeit.

Ein Eheberater ist es gewohnt, auch telefonisch um Rat gefragt zu werden. Er merkt schon an der Stimme und spätestens nach dem dritten Wort, ob es sich um Menschen in seelischer Not oder um die üblichen Anrufe handelt. Sind Kummer oder gar das Gefühl der Ausweglosigkeit herauszuhören, so ist das ein Signal für die Ratlosigkeit und Ratbedürftigkeit dessen, der hier die psychische Schwelle vor dem Weg zum Eheberater überwindet. Um so mehr überrascht der forsche und selbstsichere Ton in der Stimme eines Akademikers, der sich als Naturwissenschaftler in einem großen Konzern viele hundert Kilometer entfernt zu erkennen gibt und dringend um einen Termin in einer Eheangelegenheit bittet.

Wenige Tage später stehen Mann und Frau gemeinsam vor der Praxistür – sie zart, aber jetzt mühsam um Fassung und fast mit den Tränen kämpfend, er ein hochgewachsener sportlicher und in Kleidung und Habitus jugendlicher Endvierziger. Beide sind sich einig, daß zuerst er sprechen soll, und sie möchte ihn auch alleine berichten lassen und lieber draußen warten.

Er schildert eine nun schon über zehn Jahre sich hinziehende Alpenwanderung durch offenbar unvermindert blühenden Almrausch. Mit knapp 40 Jahren hat er eine junge Kollegin kennengelernt, die gegenüber seiner mit ihm fast gleichaltrigen Frau den Vorzug sportlicher, aktiver und in ihrer ganzen Selbstdarstellung nach außen gerichteter Dynamik aufwies. Dennoch oder gerade deshalb habe diese Beziehung nur wenige Jahre angehalten, weil sie ihm dann doch gegenüber der eigenen Frau, die er auch heute noch liebt, zu unreif und egoistisch erschien. Mit dem ersten Seitensprung, der auf ein Urlaubserlebnis unter Alkoholeinfluß zurückging – ein überaus häufiger Anlaß –, ergab sich dann eine Kette von immer neuen Beziehungen ähnlicher Art. Bald war es eine Assistentin, bald die Frau eines Geschäftspartners oder Fachkollegen, und jedesmal machte die eigene Ehefrau gute, vielleicht zu gute Miene zum munteren Spiel. Er selbst hatte beruflich das Maximum des Erreichbaren verwirklicht und verlegte seine ganze Aktivität auf andere Ebenen. Er wurde begeisterter Segler, Tennisspieler und Skifahrer und bewies jüngeren Kollegen, mit denen er in diesen Sportarten den Kampf aufnahm, vor allem aber sich selbst seine unverminderte Konkurrenzfähigkeit. Sein Arzt habe ihn geradezu als ein Konditionswunder bezeichnet; die Leistungen in den verschiedenen Sportdisziplinen, die er mit Liebe und Leidenschaft betreibe, lägen weit über dem, was zehn Jahre Jüngere auch in den besten Fällen erzielten. Er fühlt sich auf dem Gipfel, hat nach glänzenden Examina in seinem Beruf eine Spitzenkarriere erlebt, deren Fortschritt nun der in unserer Gesellschaft üblichen Automatik unterliegt, und gedenkt in diese Karriere nicht so viel Kraft und nervliche Energie zu investieren, daß er daneben sein Leben nicht mehr genießen kann.

Vor viereinhalb Jahren lernte er nun eine ebenso leistungstüchtige, beruflich wie sportlich und überdies offenbar als Frau anziehende Partnerin kennen, in die er sich, wie er sagt, rettungslos verliebte. Während er die früheren Bekanntschaften als Zwischenspiele auffaßte, die dazu dienten, seine Jugendlichkeit und Manneskraft zu dokumentieren, ist er jetzt zum ersten Mal so ernsthaft engagiert, daß auch seine Frau an der Tatsache nicht mehr vorbeisehen konnte, daß es für sie um die Frage geht: die andere oder ich selbst. Mit unbekümmerter Naivität hatte er ihr die meisten seiner Freundschaften vorgestellt, was Männer nicht selten tun. Seine Frau kam darüber hinweg, als sie merkte, daß die Beziehungen nicht tiefer, oft sogar nur schwärmerischer Art waren und gleichzeitig auch für die Ehe eine verjüngende Wirkung hatten. Die letzte Partnerin jedoch, zu der die Beziehung immer ernsthaftere, sowohl geistig-seelische als auch körperliche Bindungen zeitigte, konnte sie nicht mehr so gelassen hinnehmen. Daß er ihr eine Zeitlang jede Woche mindestens zweimal schrieb, sie anrief oder sie nach Möglichkeit auch persönlich besuchte, schien ihr unerträglich, beleidigend und für die Ehe auf die Dauer zerstörerisch zu sein. Und merkwürdig genug: Auch der Mann spürte zum ersten Mal ein Dilemma. Die anderen Verhältnisse waren wie aufschäumende Kronen auf der Höhe der Welle, die den kundigen Wellenreiter den Triumph der Beherrschung rauschhaft erleben lassen. Diese Konkurrenz aber zwischen zwei Frauen, von denen er in die eine leidenschaftlich verliebt ist, die andere mit großen Gefühlen der Anhänglichkeit, Dankbarkeit und des Respektes nach wie vor als die seine betrachtet, wurde auch von ihm als ausweglos empfunden.

Die Symptome seelischen Leidens äußern sich bei ihm in Herzbeschwerden, Gewichtsabnahme und heftiger nervöser Unruhe. Noch schwerer sind die gesundheitlichen Auswirkungen bei seiner Frau, die kaum noch schlafen kann und sich in den schlimmsten Zeiten oft Tag und Nacht die Augen ausgeweint hat. Hier ist der Almrausch mehr als ein vorübergehendes, sich über zwei oder drei Jahre hinziehendes Krisengeplänkel. Hier ringt ein nach geistiger und körperlicher Begabung überragender Mann, der dennoch die menschliche Reife zu selbständiger Entscheidung zwischen Alternativen nicht besitzt, über ein Jahrzehnt lang mit dem Problem des Älterwerdens. Sozusagen ohne Unterbrechung treibt er aus der Vierziger- in die Fünfzigerkrise hinein. Doch er wird auch mit geradezu olympischem Training nicht erreichen, daß er die nahe Schwelle zum sechsten Jahrzehnt nicht überschreitet. Er wird bei all den aktiven Fluchtversuchen in die Supermännlichkeit um die Entscheidung zwischen zwei Frauen nicht herumkommen. Entscheidet er sich für die Jüngere, Aktivere, Selbständigere, wird ihn das eine Weile vielleicht noch mit der Illusion der Jugendlichkeit versehen. Um so jäher und furchtbarer wird das Erwachen sein. Und er wird eine Ehe, die zwanzig Jahre gehalten hat, zerstört haben, die Frau und zwei hoffnungsvolle Kinder, die an dem Vater hängen, unglücklich gemacht haben. Entscheidet er sich für Frau und Kinder, wird er zwar auf den immer neuen Glanz von Kraft und Jugendlichkeit allmählich verzichten und Schritt für Schritt älter werden müssen. Aber in dieser mit Resignation verbundenen Entscheidung wird auch die Chance zur vollen Reife beschlossen sein: zu einem Mann, der weiß, was er will, was er kann und was er muß. Um diese Resignation kommt keiner herum, dessen Lebenslinie vorwärts und nicht rückwärts verläuft. Auch der Almrausch verblüht, wenn seine Zeit um ist, aber die Flora des Lebens hält noch andere Blüten und Früchte bereit.

Nicht ganz so schlimm liegt der Fall des Herrn R., 38 Jahre alt, Facharzt mit einer freien Praxis. Seine etwa gleichaltrige, jünger aussehende Frau hat seinetwegen ihr eigenes Studium abgebrochen und sich ganz dem Haushalt und der Erziehung der vier Kinder gewidmet. Die Ehe war gut, nur konnte sich Frau R. nicht mit seinen beruflichen Problemen befassen, weil ihr der große Haushalt, zu dem noch zwei Angestellte gehören, einfach keine Zeit dazu ließ.

,,Und nun hat er eine Freundin, übrigens schon die zweite innerhalb eines Jahres. Ohne etwas zu sagen, hat er kürzlich ein Wochenende mit ihr verbracht, ausgerechnet an unserem Verlobungstag. Alles war bis dahin gut. Ich bin mir keiner Schuld bewußt, und er hat mir auch nichts vorgeworfen außer den üblichen Kleinigkeiten.''

Herrn R., der in die nächste Sprechstunde kommt, ist sichtlich unwohl in seiner Haut; er liebt seine Frau, wie er sagt, und möchte ihr nicht weh tun, aber er hat sich in der letzten Zeit auch immer wieder und heftiger als früher, wenn es sich um kleine Flirts handelte, in andere Frauen verliebt. Diese Freundin ist übrigens schon die dritte. Später taucht noch eine vierte auf, er scheint selbst die Übersicht ein bißchen verloren zu haben. Während seine Frau blond und blauäugig ist, sind die Freundinnen durchweg vom Gegentyp: dunkelhaarig und dunkeläugig, eher mollig als schlank, dabei beweglich und anschmiegsam. Seine Frau sei etwas spröde und streng. Er bestätigt noch einmal entschieden, daß er seine Frau im Grunde liebe. Auch das Motiv ihrer Heirat sei die große Liebe gewesen. Beide hätten vorher keinen anderen Partner gehabt und auch bisher einander die Treue gehalten. Er bestreitet, mit einer der Frauen intime Beziehungen gehabt zu haben. Religiöse Bedenken, Angst vor den Folgen und die Rücksicht auf seine Frau hätten ihn daran gehindert, engere Beziehungen zu einer anderen Frau aufzunehmen. Er hat sich den Weg zurück offenbar nicht verbaut und sieht, bewußt oder unbewußt, die Kette der Amouren selbst als eine Episode an. Bei seinen Freundinnen handelt es sich um unverheiratete oder geschiedene Frauen, die sich ganz auf ihn einstellen, ihn bewundern und durch ihr Temperament faszinieren. Es macht ihn glücklich, bei diesen Partnerinnen als Mann Chancen zu haben und als Mann von Welt und Erfolg Bewunderung zu finden.

Von Scheidung und neuer Heirat war – so Herr R. – nie die Rede. Er hat diese Abwechslung offenbar als eine Krisen- und Verjüngungskur aufgefaßt.

Auch hier wird deutlich, daß es sich bei dem Höhenrausch immer auch um eine Flucht vor dem Alter, vor dem beruflichen oder vitalen Versagen handelt. Damit wird der (übrigens so gut wie auschließlich von Männern ausgelöste) Ehekonflikt vom Typ ‚Almrausch' zum Symptom einer tiefreichenden Lebens- und Entwicklungskrise beim heutigen Mann, der einem vielfältigen Leistungsdruck ausgesetzt ist und der in Beruf und Öffentlichkeit, in Ehe und Familie immer fit, superstark und strahlend sein soll. Solange er die Kraft hat, diesem Leitbild auf der Rennbahn des Erfolges mit ungeminderter Leistung nachzulaufen, wird er davon vielleicht ausgefüllt und ist zufrieden. Sobald die Minderung seiner Energie sich ankündigt und zugleich die Wende des Lebens überschritten wird, erfaßt ihn mit dem Höhenrausch auch jene typisch männliche Torschlußpanik.

‚Typisch männlich' sollte man im Grunde nicht sagen oder nur dann, wenn man damit ein bestimmtes gesellschaftliches Leitbild von Männlichkeit charakterisieren will. Es sind natürlich nicht alle Männer in gleicher Weise von der Krise vom Typ ‚Almrausch' gefährdet. Am häufigsten kann man sie beim typischen Manager beobachten. Zu seinem Ideal gehören Entschlußkraft, Energie, Entscheidungsfähigkeit, Spezialisierung und Fitneß. Zugleich hat er wenig Zeit für Ehe und Familie. Die Ehe ist dem Beruf eindeutig nachgeordnet, und die Leistungsfähigkeit im Beruf verzehrt seine Energien – bis er sich auf der Höhe des Lebens irgendwann fragt: Hat das Ganze eigentlich Sinn? Und mit dieser Frage markiert sich die Krise.

An anderer Stelle haben wir vier Managertypen unterschieden:

– den partnerschaftlichen Kameraden,
– den autoritären Draufgänger,
– den bürokratischen Strategen und
– den sanften Despoten.

Es leuchtet ein, daß der autoritäre und der bürokratische Typ am meisten gefährdet sind, weil sie die weicheren, emotionalen Seiten ihres Wesens am wenigsten entwickelt haben. Ihnen geht es ums Funktionieren, und so haben sie meistens auch ihre Frauen abzurichten versucht – als Kameradin, Hausmütterchen, Repräsentantin, Arbeitspferd, Gespielin, Statussymbol, Göttin oder Sklavin oder alles zugleich. Daß dies nur bedingt durchsetzbar und aufrechtzuerhalten ist, leuchtet jedem ein, der die Dialektik des Lebens kennt, insbesondere die der Beziehung zwischen den Geschlechtern.

Da es hier um die Krise des Mannes in der Lebensmitte geht, ist die Frau besonders herausgefordert, und sie kann sich oft schwer hineinfinden, geschweige denn damit abfinden.

Diese Lage sollte eine Frau kennen. Eine kluge Ehefrau wird wissen, daß ein Mann mehr Aufmerksamkeit und Beachtung, aber auch Fürsorge und Geduld braucht, wenn die ersten Anzeichen der Vierziger-Krise sich melden. Die Anzeichen können äußerlich sein: Er achtet mehr auf seine Kleidung, verjüngt seine Frisur, geht öfter auf Reisen, wählt neue Hobbys und kritisiert die eigene Frau häufiger. Das ist für viele Frauen ein Anlaß, empfindlich zu reagieren, sich zurückzuziehen, sich den Kindern stärker zu widmen und ihn, der ja doch nur an seinem Beruf interessiert ist, vielleicht auch noch links liegenzulassen. Dabei sprechen die Anzeichen deutlich dafür, daß der Beruf ihn eben nicht mehr voll ausfüllt und daß er menschliche, insbesondere weibliche Erwiderung sucht. Er möchte jetzt von den Früchten seines Erfolges leben, möchte nicht mehr nur leisten, sondern sich auch etwas leisten können. Frauen sollen dies sehen und möglichst auch sagen. Er möchte das Glück genießen, um dessen Bestand er insgeheim fürchtet. Er möchte es immer wieder gesagt bekommen, wie gut ihm sein Lebenswerk gelungen ist, wieviel Kraft er noch hat, welche Chancen für die Zukunft. Er möchte zugleich auch spüren, für wen das alles geschaffen wurde, möchte vielleicht im Zustand der Überforderung auch gestreichelt, besänftigt, verwöhnt und gepflegt werden.

Überraschenderweise lehrt die Praxis der Eheberatung, daß es gar nicht in erster Linie sexuelle Abenteuer sind, die der Mann in dieser Phase sucht. Das mag für die Alterskrise weit eher zutreffen. Die Freundschaften dieser Zeit sind häufiger erotischer als sexueller Art. An seinen sexuellen Fähigkeiten zweifelt der Mann noch nicht so stark wie an seiner Fähigkeit, begehrenswert zu sein, auch romantische Gefühle auszulösen und die Verliebtheit der Jugendjahre neu zu erleben. Wenn man bei der Krise zwischen fünfzig und sechzig vom zweiten Frühling redet, müßte man hier vom zweiten Vorfrühling sprechen. Alles ist viel verträumter, sehnsuchtsvoller, weit mehr Rausch vom Blütenduft als vom Most der gärenden Früchte.

Wenn es auch für die Frau in diesen Jahren so etwas wie einen Almrausch gibt, dann äußert er sich ebenfalls im Wiedererwachen romantischer Gefühle. Bei unzählig vielen Frauen ist das Bedürfnis nach Liebe, Zärtlichkeit, Verstandensein und behutsamer Rücksicht in langen Ehejahren chronisch vernachlässigt worden. Der harte berufliche Existenzkampf, die monotone, scheinbar sinnlose, aufreibende Kleinarbeit im Haushalt, die sich vergröbernden Umgangssitten allmählicher Gewöhnung haben in ihr so viel zugeschüttet, daß sich aus dem Schutt der frühen Hoffnungen nur hier und da ein Seufzer der Wehmut hervorwagt. Auch die Frau, die sich Treue geschworen hat und diesen Vorsatz ein Dutzend Jahre lang durchhielt, wird schwach, wenn ein Mann ihr nicht plump und fordernd oder naßforsch erobernd, sondern sensibel, sanft und zart entgegenkommt. Vor allem, wenn Ehekonflikte ihre Nerven wundgescheuert haben, wenn die Seele überreizt ist von den im Grunde nichtigen Sensationen des Alltags und den immer wieder erneuerten Begräbnissen ihrer innersten Wünsche, wenn ihr eigener Mann ihr nichts mehr von den Augen abzulesen versteht, sondern nur noch aufhorcht, nachdem man ihm etwas zum dritten Mal deutlich, ja überdeutlich gesagt hat, dann ist die Stunde des sanften Freundes gekommen, der verständnisvoll naht und erblühen läßt, was zu verdorren drohte. So kann es geschehen, daß beide Ehepartner gleichzeitig ihren Almrausch durchleben. Dies ist vielleicht noch der glücklichste Fall, weil er das Verständnis füreinander erleichtert und – wenn nötig – gegenseitige Verzeihung vorbereitet.

Meistens jedoch wird der Almrauschkonflikt einseitig ausgelöst. Da verheiratete Frauen immer noch viel zu selten eine so lange und kontinuierlich aufbauende Berufspraxis haben, stellt sich auch die Krise vor dem Leistungsabfall nicht so zwingend ein. Auch erleben sie in der Mitte der dreißiger Jahre erst das Maximum ihrer vitalen Entfaltung, das unabhängig ist von ihrer äußeren Erscheinung. Alt zu werden fürchtet ein Mädchen heute meist schon, ehe es zwanzig wird. Beim Mann dagegen häufen sich die Faktoren: berufliches Maximum und Angst vor dem Abstieg, Enttäuschung an der Ehe, Hoffnung auf einen Neubeginn und der Wunsch nach sich verjüngender Manneskraft und immer neuer Bestätigung ausgerechnet in diesem Alter. In vielen Berufen ist es zugleich das Alter, in dem die letzten Chancen für Stellungswechsel und Positionsverbesserungen gegeben sind.

Da die Partnerschaft das Barometer für alle gesellschaftlichen und privaten Krisen ist, die der Mensch erleidet, muß sich diese Entwicklung auch in Konflikten ausdrücken, die den Charakter des Spiels haben — man spielt „Ich bin noch einmal jung" oder „Ich habe ein paar Jahre freien Ausgang" oder „Wir wollen doch mal sehen, welche Chancen ich noch habe" oder „Kannst du dich nicht für mich interessieren?"

Wenn der Partner mitspielt, kann der Krieg bald beendet sein und die Verjüngungskur, die außerhalb stattfinden sollte, sogar der gemeinsamen Ehe zugute kommen.

Ein letztes Beispiel für den Almrausch: Was passiert, wenn ein älterer Mann eine Partnerschaft mit einer wesentlich jüngeren Frau eingeht?

Früher hätten sie Hemmungen gehabt zu heiraten, Agnes mit ihren 19 und Klaus mit seinen 43 Jahren. Nun geht die Ehe schon drei Jahre gut, und die Umwelt hat sich daran gewöhnt.

Sie leben glücklich, haben ein Kind — und nur die Tatsache, daß Agnes sich noch zwei oder drei weitere wünscht, führt zu Konflikten. Agnes will sich nicht abfinden, sondern trägt ihren

Kinderwunsch immer unverhohlener und – wie er meint – aufdringlicher, bedrängender vor.

Ein zweites Konfliktfeld ist die unterschiedliche Vergangenheit, die Erinnerung an die Nachkriegszeit, mit der Klaus sie nervt. Sie ist als verwöhntes Kind mitten in die Zeit des Wohlstandes hineingewachsen. Er gehört noch zu der Generation, die sparen mußte und kein Stück Brot wegwerfen kann.

Für sein Gefühl geht sie zu verschwenderisch mit Geld und Vorräten um.

Wenn dann auch noch sexuelle Probleme dazukommen sollten – etwa weil es in zehn, zwanzig Jahren bei ihm nicht immer so klappt, wie sie es erwartet, und weil er ihren sehr deutlich und direkt vorgetragenen sexuellen Wünschen nicht mehr voll gerecht werden kann –, dann ist die Krise perfekt, die in der Hauptsache auf dem Altersunterschied beruht.

So gesehen ist die Ehe zwischen einer zehn oder fünfzehn Jahre älteren Frau und einem jüngeren Mann vielleicht sogar leichter möglich, wenn auch ungewöhnlicher.

Allerdings nimmt die Zahl der Ehen zwischen altersungleichen Partnern in den letzten Jahren erheblich zu. Die Scheidungen jedoch auch, und gerade Paare mit großem Altersunterschied sind davon betroffen.

Wenn eine solche Ehe gelingen soll, ist es wichtig, daß beide das Problem kennen und ihm vom ersten Tage an ins Auge sehen: Du bist so viel jünger als ich. Ich muß jugendlich zu bleiben versuchen und darf vor allem geistig nicht erstarren, damit die Gespräche nicht versanden. Ich muß aber auch damit rechnen, daß du eines Tages einen jüngeren Partner kennenlernst und ihn interessanter und attraktiver findest.

Der jüngere Teil sagt sich vielleicht – oder sagt es auch dem anderen: Du bist so viel älter als ich. Darüber bin ich froh, denn du gibst mir Geborgenheit und Sicherheit. Ich profitiere von deiner Erfahrung. Ich muß mich hüten, dich durch pubertäres Verhalten, durch Unreife und Wechselhaftigkeit zu verunsichern oder gar zu kränken. Ich bin mir der Verantwortung für dich bewußt und will dazu stehen, solange es irgend geht.

Wenn beide Partner diese Offenheit praktizieren, kann die Beziehung genauso glücklich werden wie jede andere.

- Wichtig ist, daß beide sich vom Urteil der Umwelt unabhängig machen und wirklich wissen, daß sie sich aufeinander verlassen können und was sie aneinander haben.
- Äußere Alterssymptome wie Falten, graue Haare, Brille, Einschränkung der Beweglichkeit müssen einkalkuliert werden und dürfen nicht ernsthaft stören.
- Das Sexuelle darf nicht die zentrale Bedeutung haben, weil auf diesem Gebiet mit der Zeit die Differenzen am wahrscheinlichsten wachsen.
- Äußerlichkeiten, wie etwa Stolz auf einen besonders jungen und hübschen Partner, den man zum Vorzeigen heiratet und wie einen kostbaren Besitz behandelt, sind genauso schädlich und gefährlich wie es trügerisch sein kann, sich auf Vermögen und Reichtum des meistens älteren Partners zu verlassen. Äußere Werte tragen nicht. Die Person muß entscheidend sein – dann spielt das Alter keine Rolle.

noch größerem Elend schuld zu sein, sich noch schuldiger zu fühlen, als er sich ohnehin schon fühlt?

So spielt auch der Mann mit. Er nimmt nur in den seltensten Fällen Reißaus. In den meisten geht alles seinen Gang, von Anfang bis zum Ende. Fluchtwege, die keine Schuldgefühle verursachen wie Freundin, Alkohol oder Kegelklub, sind bestimmte Hobbys, soziale Aktivitäten, Fürsorge für die Eltern oder andere Verwandte, nicht zuletzt die eigene Krankheit, oft Gemütskrankheit. Da berichtet eine Frau von ihrem Mann, der einfach nicht wieder gesund werden wollte. Er habe eine längere Behandlung in einer psychiatrischen Klinik wegen einer Gemütskrankheit durchgemacht, aber er sei auch jetzt, zwei Jahre danach, immer noch schonungsbedürftig. Er entziehe sich ihr immer. Er liebe sie nicht mehr und habe statt dessen eine Freundin. Auch wolle er sich beruflich umschulen lassen und dafür längere Zeit weg sein.

Ein ausgedehntes Gespräch mit ihrem Mann, Herrn E., bestätigt den Eindruck, den auch seine Frau schon vermittelte: Sie läßt einen kaum zu Wort und ihn kaum zum Atmen kommen. Sie hat ihm jeden kleinen Schritt vorgeschrieben, solange sie sich kennen. Er war unselbständig erzogen und hatte sich deshalb gern an die etwas ältere Frau angeschlossen. Sie war nach mehreren Liebesenttäuschungen an ihm hängengeblieben, hatte sich auf ihn gestürzt und begierig zum Objekt ihrer immer totaler werdenden Erziehungsansprüche gemacht. Das war für seine Unsicherheit einerseits beruhigend, für sein erwachendes Selbständigkeitsverlangen aber auch lähmend. Mit der Zeit lehnte er sich dagegen auf. Direkte Auflehnung gegen eine Übermacht ist aber nicht möglich. Welcher Ausweg bleibt? Der, sich möglichst unmerklich zu entziehen oder den Widerstand und den Protest gleichsam mit abgebrochener Spitze gegen die eigene Person zu kehren. Das erste tat er in der Wahl einer Freundin, das zweite sozusagen in der Wahl seiner Krankheit. Das erste förderte sein Schuldgefühl noch mehr, und dadurch wurde das zweite, die

Krankheit, noch kompletter. Sie erforderte eine lange Behandlung, die größtenteils außerhalb der Familie und damit des Wirkungsbereiches seiner Frau geschah. Danach kam ihm der Gedanke mit der Umschulung, weil er durch die Krankheit nicht mehr leistungsfähig genug sei.

Später stellte sich jedoch heraus, daß er sogar noch aktiv genug war, ein eigenes Unternehmen zu gründen. Er hatte seine Gegenstrategie sorgfältig entwickelt, er war geflohen, und plötzlich saß sie allein im Netz. Sie zappelte verzweifelt und rief eine Zeitlang jeden Abend den Eheberater in seiner Wohnung an. Offenbar brauchte sie ein neues Objekt für ihre Spinnenarme, die auch durch die Telefondrähte greiffähig bleiben. Sie überschüttete ihn mit bitteren Anklagen gegen ihren Mann, der doch so krank und wehrlos war, und jetzt so viel an ihr vorbei gerichtete Eigeninitiative entwickelte. Offenbar war er ihr schwach und krank lieber als in dem emanzipierten Zustand, aus dem er sich jetzt entpuppte.

Es ist ja nicht wahr, daß nur die Frauen der Emanzipation bedürften. Unzählige Männer begeben sich aus der mütterlichen Vormundschaft lediglich in die neue der Partnerschaft. Nur die Vorzeichen haben sich geändert. Die Art der Bevormundung bleibt jedoch häufig die gleiche. Nur wird vieles komplizierter, weil die Gesellschaft immerhin vom Mann etwas anderes erwartet als vom Kind, weil er eventuell mit den eigenen Kindern in der Rolle des Erziehungsopfers rivalisiert, ohne es zu wollen, und weil schließlich auch noch sexuelle Anforderungen an ihn gestellt werden, die sich mit der Rolle des wehrlosen Spinnenopfers schlecht vertragen. So ist denn auch sexuelles Versagen eine der häufigsten und zugleich die Dinge verschlimmernde Begleiterscheinung dieser Konstellation von Spinnenweibchen und -männchen.

Warum werden Frauen so, und warum finden sie immer wieder Männer, die so reagieren?

Aggression, Nörgelei, penetrantes Verfolgen und unleidliches Verhalten haben oft, wenn nicht meistens ihre Ursache in eigener Frustration. Wer Schwierigkeiten hat, macht Schwierigkeiten. Wer mit sich selbst unzufrieden ist, ist es regelmäßig auch mit dem anderen. Wessen tiefere emotionale oder biologische Bedürfnisse nicht befriedigt wurden, erweist sich als quälender Mitmensch. Die Ursachen können tief in die Kindheitsbiographie, sogar in Anlage- und Familienstrukturen zurückreichen, können fehlerlerntes Verhalten oder Neurosen zur Ursache haben – die Vielfalt der Erklärungen ist uferlos und muß von Fall zu Fall anders gesehen werden.

Sicher aber gilt: Krisen in der Partnerschaft sind zugleich Krisen der Partnerschaft in der Gesellschaft, die sie umgibt. Man kann die individuellen Konflikte, die keineswegs individuell, sondern häufig wiederkehrend sind, nicht von den krisenfördernden Bedingungen der Gesellschaft trennen. Eine der unseligsten ist die oft noch einseitige Präparierung der Frau für ihre häusliche Rolle. Eine mit Aktivität begabte Frau wird sich diese Rolle nur widerwillig aufzwingen lassen. Wenn die Gesellschaft jedoch stärker ist, und sie auf den Mann nicht überhaupt verzichten will, wird sie sich äußerlich anpassen müssen. Innerlich bleibt aber der eigene Durchsetzungsdrang, ja der Machtwille erhalten. Dazu kommt allmählich die Rachsucht an dem immer noch vorherrschenden Geschlecht der Männer. Und da man nicht an der ganzen Gesellschaft rächen kann, was sie einem zugefügt hat, muß stellvertretend der eigene Mann herhalten. Ihn hat man sich meistens auch so ausgesucht, daß er es sich gefallen läßt. Es sind häufig vitalitätsschwächere, nicht selten jüngere und von überwertigen Müttern erzogene Männer, die in den zielsicheren Zugriff bevormundender Frauen geraten. Da diese Frauen aber dennoch Frauen sind und neben ihrem Machtwillen das Bedürfnis nach Verständnis, Liebeserfüllung und sexueller Befriedigung haben, suchen sie zugleich den männlichen Mann. Wehe dem Mann, der zwischen die Schere dieser gegensätzlichen Erwartungen gerät! Er kann dem einen Anspruch nicht genügen und wird sich mit dem anderen auf die Dauer nicht zufrieden geben. So zappelt er hilflos zwischen den Spinnenarmen, die ihn unerbittlich umklammern.

Weil es sich um zwar sozial vermittelte und gesteigerte, aber doch gleichzeitig um triebdynamische Prozesse handelt, ist mit gutem Willen und gutem Rat hier wenig zu machen. Entweder der Schwächere flüchtet, oder er wächst allmählich in die Rolle des gleichwertigen Partners hinein. In der Überzeugung des überwertigen Ehepartners, daß er durch Einsicht und Zurückhaltung diesen Prozeß fördern kann, liegt die Chance der Beratung. Von allein wird er darauf kaum kommen, weil er dazu neigt, sich in jeder Situation im Recht zu fühlen. Daran Zweifel aufkommen zu lassen, ist schon ein großer Schritt nach vorn.

Das stärkemäßige Ungleichgewicht der Partner ist häufig ein Grund, keine Ehe einzugehen. Der Schwächere zuckt instinktiv davor zurück, sich in den Zugriff und damit in die Bevormundung des Stärkeren auf Dauer zu begeben. Er weiß, daß seine Schwäche auch Stärke sein kann – jedenfalls so lange, wie er sich nicht ausliefert.

In der Tat ist in einer Beziehung oft nicht erkennbar, wer der Stärkere und wer der Schwächere ist. Gewöhnlich wirbt nämlich der Stärkere so um den Schwächeren, daß ihm gerade dadurch eine Machtposition zukommt. Er kann entziehen oder gewähren, kann Werbung erhören oder die Erfüllung verweigern, er kann mit sich Kult treiben, sich anderen stolz vorführen lassen – kurz: Die Position des Schwächeren (angeblich meistens vertreten durch das sogenannte schwache Geschlecht) kann durchaus eine machtvolle sein.

Wir wissen aus den Forschungen über den Flirt, daß so gut wie in jedem Fall die Frau die entscheidenden Signale gibt. Wir wissen aus der Sexualforschung bei Menschen und Tieren, daß regelmäßig auch der weibliche Teil der ist, der den Beginn der sexuellen Vereinigung eröffnet und erlaubt. Es bedarf also weder der Verhärtung im Typ des ehelichen Spinnenweibchens, um eine vermeintlich schwächere Frau mit Machtmitteln auszustatten. Noch ist der Mann von vornherein der stärkere, der deswegen nach Kräften bekämpft und nach Möglichkeit unterworfen werden müßte. Gewöhnlich sind im Rivalen-Kampf der Geschlechter die Gewichte durchaus gleichmäßiger verteilt. Jeder muß nur wissen, welche Mittel ihm zur Verfügung stehen.

Wenn sich einer wirklich schwächer fühlt, hat er allerdings die Neigung, sich Bündnispartner zu suchen – in der Gegenwart oder eventuell auch in der Vergangenheit, wie im folgenden Kapitel deutlich wird.

„Laufmasche":
Vom Zwang zur Wiederholung

Die größte Stärke einer modernen Partnerschaft ist zugleich ihre größte Gefährdung. Stärke und Gefahr liegen darin, daß die meisten Menschen nicht aus Vernunft, sondern aus Liebe zusammenziehen oder richtiger, aus Gefühlsmotiven, die sie für Liebe halten.

„Es war wie ein Rausch, als wir uns kennenlernten. Ich wußte nicht mehr, wer ich war, was ich tat. Alles war anders, die Sonne schien heller, das Leben hatte einen Sinn, die Welt war herrlich. Ich glaubte gefunden zu haben, wonach ich immer suchte. Ich schwebte im siebten Himmel – bis ich dann eines Tages aus allen Wolken fiel. Ich stellte nämlich fest, daß mein Mann meine Gefühle gar nicht erwiderte, ja, daß er wahrscheinlich gar keine Gefühle hatte. Dinge, über die ich mich unendlich freuen konnte, nahm er gleichgültig in die Hand und legte sie zurück. Er ließ meine Liebe über sich ergehen, aber er liebte mich nicht. So sehe ich es jedenfalls heute. Wir haben uns dann arrangiert. Ich bin etwas lebhaft und ein wenig schwärmerisch, müssen Sie wissen. Er ist nüchtern und wenig mitteilsam.

Zunächst war es eine große Enttäuschung für mich zu merken, daß er meine Gefühle gar nicht erwidert. Immer wiederholte sich das gleiche: Ich suchte ihn für etwas, für mich, für unsere Liebe zu begeistern, und er tat mir den Gefallen, ließ aber kaum eine Regung erkennen. Jetzt haben sich die Gegensätze so zugespitzt, daß ich mich richtig erkältet fühle von ihm. Er braucht mich gar nicht. Was soll ich nur tun?"

Frau C., eine sehr bewegliche, etwas rundliche, aber noch jüngere Frau mit lebhaften Mienen und einem wirren Lockenschopf über dem zarthäutigen Kindergesicht, kann sich selbst nicht erklären, warum sie eigentlich unglücklich ist. Sie hat ihren Mann nicht anders geheiratet, als er jetzt ist, und sie hat ihn im Grunde nicht anders gewollt. Sie hatte tatsächlich gefunden, wonach sie so lange gesucht hatte: ihre Entsprechung, ihr genaues Gegenteil. Das war ihr Glück und zugleich ihr Unglück. Ihr Glück, weil niemand sonst diese überschwengliche und schwärmerische Frau ertragen hätte. Ihr Unglück, weil ihr Mann den Überfluß ihrer Gefühle nicht erwiderte und sie damit allein ließ. Die Partnerwahl hatte, wie sehr oft, unter einem inneren Zwang gestanden, den der Volksmund einfach so ausdrückt: Gegensätze ziehen sich an.

Jeder, der einige ausgeprägte Temperamentseigenschaften hat, Ausdrucksfreude, Beweglichkeit oder auch Kühle, Reserviertheit, sucht unbewußt nach dem Partner mit den genau entgegengesetzten Eigenschaften. Je extremer die Eigenart des einen, so ausgeprägter die entsprechenden, also gegensätzlichen Temperamentseigenschaften des anderen. Sehr temperierte, ausgeglichene Menschen heiraten meistens ähnlich temperierte. Ein Extrem aber kommt selten allein.

Diese Gegensätze gleichen sich jedoch meistens nicht aus, die aus ihnen entspringenden Konflikte verschärfen sich vielleicht mehr, ja zeigen den Hang zur Wiederholung. Die Partner finden zwar einen gewissen Ausgleich in ihrer Gegensätzlichkeit, fühlen sich aber zugleich unverstanden und nicht wirklich erwidert. Der Fehler liegt in der Partnerwahl. Und wie ein Webfehler als Laufmasche durch ein Gewebe weiterläuft, so wiederholt sich auch hier die Fehlstruktur in immer gleichen, mit dem Alter teils gemilderten, teils verschärften Konstellationen.

Forscher haben festgestellt, daß vier Fünftel aller Ehen nach dem Prinzip ‚Gegensätze ziehen sich an' zustande gekommen sind und nur ein Fünftel nach der Regel ‚Gleich und gleich gesellt sich gern'. Dabei wissen wir, daß für eine stabile Ehe möglichst viele Faktoren gemeinsam oder sogar gleich sein sollten: Herkunft und soziales Milieu, Konfession und politische Überzeugung, Alter und Bildungsgrad, Beruf und Freizeitinteressen. Die Natur handelt nicht nach dieser Erfahrung, sondern würfelt die Menschen nach einem rätselhaften Magnetismus zusammen, in dem Plus und Minus einander anziehen und aufheben.

Wo das Rollenspiel sich reibungslos entwickelt, können auch aufeinandertreffende Gegensätze konfliktfrei ausgetragen werden. Wer selbst nicht gern viel redet, ist oft für einen Partner dankbar, der die Umweltkontakte pflegt und Konversation macht. Wer wenig Unternehmungsgeist hat, läßt sich häufig gern vom aktiven Partner mitreißen und ist ihm dankbar dafür. Solche Beziehungen kennen wir alle, und sie können sehr harmonisch sein. Ob der einzelne Partner sich dabei im Tiefsten glücklich fühlt, ist schwer zu sagen. Wahrscheinlich gehört zum Glück in der Partnerschaft mehr als das Gefühl, die richtige Entsprechung gefunden zu haben. Ergänzung schließt noch nicht Verständnis ein. Und das Gefühl, zu verstehen und verstanden zu werden, stellt sich erst bei einer weitgehenden Gemeinsamkeit seelischer Strukturen ein. Das Glück, gleich zu empfinden, Gleiches möglichst zur gleichen Zeit zu erleben, gehört zu jener Verschmelzung von Ich und Du, die dem Liebesglück die Krönung gibt. So wie ein Paar gleichzeitig die Sternschnuppe am Himmel entdeckt und sich verzückt in die Augen sieht, ist das andere Paar vom gleichzeitigen Erleben des orgastischen Höhepunktes beglückt. Aber auch derselbe Gedanke zur gleichen Zeit, die Übereinstimmung des Geschmacks bei der Wahl eines Kleides oder einer Wohnzimmerlampe, das sind alles Gemeinsamkeiten, die der Mensch zum Glück braucht und deren Fehlen durch Diskussion nicht überbrückt und aufgehoben wird, wie es bei anderen Gegensätzen möglich ist.

Wiederholungszwänge ergeben sich häufig auch aus tiefenpsychologischen Ursachen: Erfahrungen, die man als Kleinkind machte – auch wenn sie negativ waren –, können die Tendenz zu lebenslanger Wiederholung entwickeln. So entstehen etwa auch sexuelle Perversionen wie Sadismus oder Masochismus, Fetischismus wie die Vorliebe für Gummikleidung oder andere Abarten der Sexualität. Wer beispielsweise Klapse und Schläge als einzige Zuwendung erfuhr, hat diese Erfahrung noch mit Liebesgefühlen verbunden und empfindet unüberwindliche Wiederholungszwänge, möchte den Partner zu ähnlichen Handlungen stimulieren. Wenn dieser mitspielt, können sich natürlich auch neue Rollenergänzungen bilden, die das geschlechterergänzende Spiel ergiebig machen. Im andern Fall können Gegensätze und Unvereinbarkeiten die Folge sein. Den Handelnden ist der Mechanismus ihres Handelns häufig nicht bewußt, vor allem, wenn sie sehr früh verankerten Verhaltenszwängen folgen, so dem Zwang, zu spät zu kommen, um aufzufallen, dem Zwang, den anderen zu provozieren, um seine Liebe zu testen, und viele andere scheinbar unsinnige Verhaltensweisen, die nur aus ihrem Ursprung im Unbewußten ihren Sinn erfahren. Dies setzt aber voraus, daß der andere die Zusammenhänge kennt und beide allmählich darüber stehen und damit umgehen können. Dies ist durchaus möglich und in einer liebenden Beziehung bei aller Gegensätzlichkeit auch sinnvoll.

Immer wieder wirbt darum der eine um Verständnis und Gleichklang beim anderen. Auch die Partner einer Laufmaschenbeziehung suchen immer wieder neue Verständnismöglichkeiten, Ebenen des Neubeginns. Aber es ist wie bei einem von unten her falsch geknöpften Hemd: Es geht zwar eine Weile gut, aber es nimmt kein gutes Ende. Das stellt sich spätestens am Kragen heraus. Und Partnerschaftskonflikte können einem an den Kragen gehen.

Da ist Frau L. Immer wieder gibt es die gleiche Art von Auseinandersetzung zwischen ihr und ihrem Mann. Sie hat sehr bestimmte Vorstellungen von dem, was sie zur Ausgestaltung ihres privaten Daseins wünscht und möchte. Sie hat einen anspruchsvollen Geschmack in der Ausgestaltung der Wohnung. Sie ist individuell, ja individualistisch, ästhetisch hoch sensibel, sie verwirklicht ihre Wünsche mit großer Ansprüchlichkeit, weil sie als Kind nahezu jeden Wunsch erfüllt bekam. Ihr Freund, Herr X., ist in einer sparsamen Beamtenfamilie aufgewachsen und gerät jedesmal in eine ratlose Erregung, wenn sie vor Ausgabenplanungen nicht zurückschreckt, für die nach seiner Meinung in dem gemeinsamen Haushalt keine finanzielle Deckung vorhanden ist. Dieses Problem überläßt sie ihm und wundert sich, wenn er an ihren Wünschen energisch Abstriche vornimmt. Dann gerät sie in eine geradezu blinde Erregung, stößt haltlose Beleidigungen heraus, schlägt um sich, und wenn er sich nicht zurückhält – so gibt sie selbst zu –, ist bald die schönste Keilerei im Gange. Mit den Spuren einer solchen kommt sie ganz verzweifelt in die Eheberatung und fragt wie so viele: ,,Was soll ich nur tun?"

Auch der Mann schildert die Beziehung als eine lange Kette von immer neuen, aber vergeblichen Ansätzen, an deren teilweisem Gelingen, aber immer neuem Scheitern offenbar beide aus unüberwindlichen Wiederholungszwängen ihren Anteil haben. Sie können sich aus diesem System der Verstrickung nicht befreien, da sie beide bei den vorgegebenen Ansätzen ihrer Lebenseinstellung bleiben und nicht über ihren Schatten springen können. Sie sieht die Welt als Wunsch und Vorstellung, er als harte Notwendigkeit, die einen zwingt, sich nach der Decke zu strecken. Würde man die Wurzeln verfolgen, würde mancher Ahnenspuk sichtbar werden. Auch für die Dauerkonflikte nach dem Modell Laufmasche ist charakteristisch, daß die verborgenen Ausgangskonflikte sich nicht etwa im Laufe der Zeit von selbst lösen, sondern weiterlaufen und sich sogar noch verschärfen.

Am meisten leiden Menschen darunter, die es immer aufs neue

miteinander versuchen, die die Beziehung ernst nehmen und den Partner im Grunde lieben. Andere arrangieren sich mit der Unüberbrückbarkeit der Gegensätze, gehen fremd, entfremden sich voneinander und leben schließlich beziehungslos nebeneinander her. Aber auch dabei lassen sich Konflikte in den unvermeidlichen Begegnungen nicht völlig umgehen. Auch das Strickleitersystem einer Laufmasche hält noch zusammen und hat Querverbindungen, so leer und hohl die Zwischenräume sein mögen.

Ein unverarbeiteter Konflikt, das wissen wir aus der Psychoanalyse, enthält den immer neuen Zwang zur Wiederholung abnormer Symptome oder Verhaltensweisen. Stets wiederkehrende Träume sind dafür ebensosehr ein Symptom wie kriminelle Triebhandlungen, Auflehnung und Trotz bei Kindern mit unausgelebter Trotzphase ebenso wie der Griff zur Zigarette oder zum Cognacglas. Wenn in einer unbewältigten Situation ein bestimmtes Verhalten einem vorübergehend oder dauernd Erleichterung gebracht hat, neigt man in einer ähnlichen Situation dazu, dieses Verhalten zu wiederholen, auch wenn es falsch ist. Je mehr Faktoren in einer Situation zusammentreffen, desto sicherer tritt im Falle ihrer Wiederholung das gleiche Verhalten ein. Da das Verhalten, vor allem aber die Gewohnheiten und Einstellungen bei den meisten Menschen von einiger Konstanz sind, ist im engen Zusammenleben der Partner die Wahrscheinlichkeit groß, daß wiederkehrendes Verhalten des einen als Auslösereiz für das des anderen wirkt und dieses wiederum entsprechende Gegenreaktionen des ersten auslöst. So kommt es leicht zu jener sich steigernden Verstrickung, die in die zwangshafte Wiederholung eines auf bestimmte Weise durchgespielten Konfliktes führt – ein quälerisches Kriegsspiel nach immer denselben Regeln.

„Ich brauche nur zu sagen: Was hast du denn heute wieder alles eingekauft? Schon geht es los: Gönnst du mir nicht, daß ich in die Stadt einkaufen gehe? Ich sage: Man wird doch wohl noch einmal fragen können. Und was hast du nun eingekauft?

Dann würde sie es mir am liebsten nicht zeigen, weil ihr angeblich die Freude schon verdorben ist. Wenn ich jetzt auch noch frage, was das alles gekostet hat, ist die Hölle los. Meistens kann ich es mir nicht verkneifen, weil ich immer meine, eine Frage könnte ja auch einmal objektiv so beantwortet werden, wie sie gestellt ist."

So schildert Herr X. an einem Beispiel, wie sich der schwelende Dauerkonflikt nach dem Modell ‚Laufmasche' in seiner Partnerschaft abspielt – wahrscheinlich so oder ähnlich alle paar Tage wieder.

Was ist typisch daran?

Jeder der Partner hat eine bestimmte, relativ feste, um nicht zu sagen starre Lebensgrundeinstellung, von der er nicht abgehen will. Die Grundeinstellungen beider passen nicht zusammen, sondern stoßen aufeinander wie Zähne zweier Zahnräder, die nicht ineinandergreifen. Hier wie dort geschieht das in einigermaßen regelmäßigem Abstand. Frau L. erwartet, daß ihr Freund ihre eigene Vorstellung von der Gestaltung einer Wohnung, von persönlichem Aufwand, von Lebenskultur wenn nicht teilt, so doch akzeptiert. Sie hört aus jeder Frage mehr als den sachlichen Inhalt heraus, der Information erheischt. Sie fühlt sich darin in Frage gestellt, in Zweifel gezogen, verunsichert. Herr X. fühlt sich durch die Freizügigkeit ihres Kaufverhaltens, die Vielseitigkeit ihrer Wünsche, das Anspruchsniveau ihres Geschmacks – er gebrauchte allerdings die Worte Kauflust, Maßlosigkeit, Hochgestochenheit – überfahren und übervorteilt, er fühlt sich ausgenutzt. Da diese Unterschiedlichkeit der Lebenseinstellungen nie überbrückt und wirklich verarbeitet wurde, führt sie immer wieder zu den gleichen Konfrontationen. Der Wiederholungszwang ist nicht nur – wie sich hier zeigt – das Kennzeichen einer individuellen Neurose, sondern auch eines unbewältigten sozialen Konflikts, der lediglich in einem tiefgreifenden Unterschied besteht.

Carl Gustav Jung sagt zu den gegensätzlichen Partnern, die er mit den Begriffen extravertiert und introvertiert bezeichnet:
„Wenn die beiden Typen heiraten, dann können sie zusammen eine ideale Ehe zustande bringen. Solange sie mit der Anpassung an die vielfachen äußeren Nöte des Lebens vollauf beschäftigt sind, passen sie prächtig zusammen. Wenn aber . . . die äußere Not des Lebens aufhört, so bekommen sie Zeit, sich miteinander zu beschäftigen. Vorher standen sie Rücken an Rücken und wehrten sich gegen die Not. Jetzt aber wenden sie sich einander zu und wollen sich verstehen – und entdecken, daß sie sich nie verstanden haben. Jedes spricht eine andere Sprache. So beginnt die Auseinandersetzung der beiden Typen. Dieser Streit ist giftig, gewalttätig und voll gegenseitiger Entwertung, auch wenn er ganz leise im Allerintimsten geführt wird. Denn der Wert des einen ist der Unwert des anderen."

Die Ursachen können im einzelnen sehr verschieden sein. Immer aber geht es darum, daß der eine Partnerschaft allein fruchtbar werden lassende Prozeß gegenseitiger Annäherung im Psychischen nicht stattfindet.

„Es ändert sich nichts" – die einmal schief geknöpfte Ehe oder Partnerschaft scheint unbeirrbar ihrem Gesetz zu folgen. Eine falsche Partnerwahl, die nicht auf Liebe und innerer Gemeinsamkeit gründete, zieht ihre Spuren durch das ganze Leben. Ausnahmen sind selten und überfordern wohl die durchschnittliche Umstellungsfähigkeit des Menschen und seine Bereitschaft, sich und seine Grundeinstellungen zu ändern. Zumal oft schwer benennbare vitale, ja animalische Faktoren mit im Spiel sind: der Geruch, die Haarfarbe, die Art, sich zu bewegen, sich zu äußern, also das Temperament.

Viele Laufmaschen-Ehen, wahrscheinlich die meisten, wären besser nicht geschlossen worden. Aber wer weiß das vorher? Nun, einiges weiß man. Zum Beispiel, daß Muß-Ehen eine sehr geringe Chance haben, glücklich zu werden. Über die Hälfte von ihnen wird geschieden, und die andere Hälfte ist nicht schon deswegen glücklich, weil sie nicht geschieden wird. Auch Standes- und Bildungsunterschiede wirken sich einstweilen in unserer Gesellschaft offenkundig noch negativ aus. Immer wieder begegnen dem Eheberater Fälle, in denen der vermeintlich höherstehende, gebildetere Ehepartner dem anderen seine Unterlegenheit vorhält und versucht, sich vorteilhaft von ihm abzuheben.

Nicht zuletzt hat die Stellung in der Geschwisterreihe für die Partnerwahl eine schlechthin schlüsselhafte Bedeutung. Ältere Söhne sollten nicht älteste Töchter heiraten, weil beide gewohnt sind zu dominieren und ihren unbewußten Herrschaftsanspruch in die Ehe mitbringen und dort zu realisieren versuchen. Nicht nur zwei machtdurstige, sondern auch zwei fürsorgliche Menschen, wie es die ältesten Kinder der Geschwisterreihe häufig sind, können auf engem Raum miteinander kollidieren. Noch wahrscheinlicher ist dies allerdings, wenn sich zwei jüngste Kinder heiraten. Die jüngsten sind häufig gewohnt, von den älteren verwöhnt oder gerade umgekehrt zurückgesetzt zu werden. Auf das eine reagieren sie mit dem Stargefühl, wichtiger Mittelpunkt zu sein, auf das andere mit der verzweifelten Defensive des Einzelkämpfers.

Die Erziehungskraft der Eltern dringt oft nicht bis zu ihnen durch. An gefühlsmäßiger Zuwendung sind sie ihren älteren Geschwistern gegenüber mitunter benachteiligt, vor allem, was die Konsequenz und Stetigkeit der elterlichen Bemühungen angeht. In materieller Hinsicht sind sie dagegen oft im Vorteil, weil der Standard der Familie mit wachsender Kinderzahl, oder richtiger, ihr zum Trotz, gewöhnlich wächst, zumindest aber der Vorrat an Kleidung und Spielsachen.

Wenn zwei dieser Wesen, die sich besonders wichtig nehmen und sich besonders ungern einordnen, aufeinandertreffen, ist die Chance für Dauerkonflikte mit Wiederholungszwängen besonders groß. Tauchen älteste Kinder nachweislich besonders oft als Kinder in der Erziehungsberatung auf, so jüngste Kinder später, wenn sie erwachsen sind, besonders häufig in der Eheberatung.

Frau Ü. klagt, daß ihr Mann, Inhaber einer Reiseagentur, sie seit langem belügt und betrügt. Er benutzt Dienstfahrten zu Abenteuern mit Freundinnen, die ihr teils bekannt und teils unbekannt sind. Seit einiger Zeit hat er sich sogar eine Freundin als Mitarbeiterin ins Haus geholt. Da sie selbst an einigen Tagen der Woche außerhalb arbeitet, hat sie tagsüber nicht die intensive Verbindung zu ihm wie seine Mitarbeiterin und fühlt sich nun im Hintertreffen, nachdem sie jahrelang dem Treiben ihres Mannes tatenlos zugeschaut hatte. ,,Natürlich hatte ich auch meine Freunde. Ich kenne Maler, Musiker und Schriftsteller, und wir pflegen entsprechend freien Umgang miteinander. Das hatten wir uns auch gegenseitig immer zugestanden. Seit er mich aber hintergeht und belügt, und das seit Jahren, wie sich jetzt herausstellt, bin ich sehr unglücklich und weiß nicht, was ich machen soll." Frau Ü. schaut treuherzig aus großen blauen Augen, von denen man sich schwer vorstellen kann, daß sie unaufrichtig sind und daß man ihnen ein Leid zufügen könnte. Aber offenbar geschieht das. Ihr Mann ist in fast allem das genaue Gegenteil: ein dunkelhäutiger Athlet, charmant, aber unausgeglichen, sensibel und egoistisch bis zur Brutalität. Er fühlt sich durch ihr selbstverständliches und sicheres Verhalten herausgefordert. Im Grunde besitzt er nicht die innere Freiheit, die er vorgibt. Seine Frau, nach Herkunft und Bildung eine Stufe über ihm stehend, ohne davon Gebrauch zu machen, provoziert ihn zu immer neuen Erniedrigungsversuchen. Er hat sich nur widerwillig zum Eheberater begeben, wie es sehr viele Männer tun, um wenigstens seinen guten Willen zu beweisen. Er wirbt um eine Mischung aus Mitleid und männlicher Solidarität und kann von einem Augenblick auf den anderen aus der Märtyrerin die Heldenpose umsteigen. Beide Eheleute stehen gern im Mittelpunkt, und dieses Bestreben verträgt sich nicht gut miteinander. Da Frau Ü. aber etwas kühl und wesentlich ausgeglichener, gelassener, gleichmütiger als ihr Mann ist, reizt sie ihn zur Weißglut, wenn er von ihr nicht entsprechend beachtet und gewürdigt wird. Dazu trägt sein soziales Minderwertigkeitsgefühl noch ein erhebliches Teil bei, so daß in ihm ein ständig bereites Potential von unbefriedigtem Geltungsdrang und möglicher Rachsucht steckt. Da er ein sehr vitaler Mann ist, der Frauen stark fasziniert, hat er ein leichtes Feld und findet mühelos die Beute, die für ihn neben der sexuellen auch den Vorzug der sozialen Befriedigung hat, weil sie mit Bewunderung und Verwöhnung verbunden ist. Überdies kann er seiner Frau immer aufs neue eins damit auswischen und sie erniedrigen.

Dieser triebdynamische Mechanismus hat sehr früh in der heute über 15jährigen Ehe eingesetzt und sich bis jetzt nicht geändert. Beide sind es gewohnt, sich nicht nach anderen zu richten, sondern die Welt sich um sie selbst drehen zu lassen. Gerade damit sind sie aber an den falschen Partner gekommen, mit dem sie nun gemeinsam und doch getrennt die Strickleiter ihrer Laufmaschenehe hinauf- oder wohl richtiger, hinabsteigen. Immer wieder der endgültigen Trennung nahe, werden sie doch von Kindern und Konventionen und wohl auch von einem starken Funken erotischer Zuneigung aneinander gefesselt. Wenn auch der Faden einer Laufmasche dünn ist – er hält erstaunlich lange.

„Tunnelbau":
Die schicksalhafte Verfehlung

„Wir können machen, was wir wollen, wir kommen nicht zusammen. Wir sind fast fünf Jahre verheiratet, und ich muß aus beruflichen Gründen die ganze Woche von zu Hause fort sein. Meine Frau hat dann die beiden Kinder. Wenn das Wochenende näher kommt, freuen wir uns beide sehr auf das Wiedersehen – und sind doch jedesmal wieder enttäuscht. Wir kommen einfach nicht zusammen.

Seit einiger Zeit meint meine Frau, ich sei ihr nicht treu. Neulich bemerkte ich zufällig, daß sie in meinen Sachen herumkramte. Ich habe dort Kundenadressen in einem Notizbuch. Die schrieb sie ab, weil sie Frauen dahinter vermutete. Dabei hat sie gar keinen Grund, aber wenn es so weitergeht, könnte sie bald einen haben. Ich sehe daran, daß sie eifersüchtig ist und wie sehr wir uns schon fremd geworden sind. Es will seelisch, aber auch sexuell nicht mehr klappen, und man tut gerade das Nötigste, weil man ja schließlich verheiratet ist. Aber richtige Freude hat keiner mehr daran."

So berichtet Herr M. und macht eine von gequälter Ratlosigkeit zeugende lange Pause.

„Wir haben auch schon von Scheidung gesprochen, aber Sie wissen: die Kinder, und dann sind wir ja auch noch keine dreißig. Wir wollen alles versuchen und nichts überstürzen. Sie können uns vielleicht nicht helfen, aber Sie sind der erste, dem ich davon erzähle, weil ich den Zustand so nicht mehr ertragen kann. Vielleicht kennen Sie andere Beispiele, in denen das ähnlich ist, und können mir sagen, ob so etwas noch normal ist und wie es wohl weitergehen wird."

Herr M., der ohne Affekt und Gehässigkeit von seiner Frau und dem Zustand seiner Ehe erzählt, berichtet nicht etwa von lauten Auseinandersetzungen, von Streit und Schlägereien. In dieser Ehe herrscht kein blutiger Krieg. Und doch ist im Laufe der wenigen Ehejahre an die Stelle des Liebesspiels das Kriegsspiel getreten.

Herr M. ist einziges Kind seiner Mutter, die früh ihren Mann verloren hat. Er erfuhr von ihr reichlich, ja fast überreichlich Mütterlichkeit, Wärme, Entgegenkommen und erwartet dasselbe auch von seiner Frau.

Diese stammt aus einer sparsamen, strengen Handwerkerfamilie und ist gewissenhaft, ja überkorrekt erzogen worden. Für sie war es ein schwerer Rückschlag, daß sie seinetwegen oder richtiger, weil ein Kind unterwegs war, ihre Ausbildung abbrechen mußte. Sehr bald folgte ein zweites, und sie war ganz an den Haushalt gebunden. Dennoch wäre sie gern berufstätig, um Anerkennung zu finden, die ihr meistens abwesender Mann ihr nicht genug bieten kann. Und Kinder sind in dieser Hinsicht noch kein ernst zu nehmender Partner, sosehr sie den Tag einer Frau ausfüllen und sie in Trab halten können.

Wenn Herr M. nach Hause kommt, erwartet er ein trautes Heim. Sie dagegen hofft auf Anregungen und Abwechslung durch einen noch nicht völlig erschöpften Mann.

Es ist wie bei einem Tunnel, der von beiden Seiten des Berges aus begangen wird: Man freut sich auf den großen Augenblick der Begegnung und tastet sich aneinander heran – um sich dann doch zu verfehlen, weil die ganze Zeit über keine Verständigung möglich war. Die Rechnung stimmt, aber statt zusammenzukommen, stößt man aneinander vorbei. Eine schicksalhafte Verfehlung, ohne daß eigentlich einem von beiden eine Verfehlung vorzuwerfen wäre.

Als beide sich – kaum zwanzigjährig – kennenlernten, war sie noch unselbständig und anlehnungsbereit. Er war in seiner

Entwicklung zwar auch noch nicht voll zum Manne gereift, aber die Bereitschaft seiner Braut, die dann sozusagen über Nacht seine Frau wurde, sich unterzuordnen und sich nach ihm zu richten, gab ihm ein gewisses Maß an Selbstvertrauen und männlicher Sicherheit. Er fühlte sich durch die Lage, in die er das Mädchen gebracht hatte, bei seiner Ehre gepackt und verhielt sich, wie man es von einem Mann in gutbürgerlichen Kreisen in dieser Situation erwartet. Er heiratete sie und war bereit, seine Unabhängigkeit und seine Junggesellenfreiheit aufzugeben, aber keineswegs seine männliche Überlegenheit und die damit verbundenen Vorrechte.

Als seine Frau im Laufe der Zeit – von ihrer abgeschiedenen Mutterrolle unbefriedigt – ihre Ausbildung wieder aufgreifen und sich selbständiger machen wollte, erwies sich dies als mit seinem Leitbild von einer Ehefrau unvereinbar. Bei Gesprächen darüber machte sie ihren Anspruch jedoch mit solchem Nachdruck geltend, daß er sich völlig ohnmächtig gegenüber der veränderten Situation sah. Seine Frau wollte sich nicht mehr damit begnügen, voll Erwartung und Demut auf sein Kommen zu warten und derweil die Kinder großzuziehen, sondern sie wollte selbst jemand sein, ihr eigenes Leben in die Hand nehmen und ihre Zukunft gestalten.

Diese Konfliktsituation ereignet sich heute so oder ähnlich in unzähligen Ehen, in denen der Mann ganz selbstverständlich davon ausgeht, daß die Frau für ihn und die Kinder da ist und keine andere Lebensaufgabe und keinen wichtigeren Lebensinhalt sucht. Diese Vorstellung des Mannes ist aber unrealistisch, schon weil die kleineren Wohnungen mit ihren durchrationalisierten Haushalten und die geringeren Kinderzahlen, aber auch das in Bewegung geratene Leitbild der Frau, die nicht mehr Gehilfin, sondern Partnerin des Mannes sein will, dies nicht mehr zulassen. Daran haben sich viele Männer noch nicht gewöhnt.

Aber auch viele Frauen überfordern sich oft, wenn sie neben Mann, Kindern und Haushalt noch Beruf, persönliche Weiterbildung und gesellschaftliche Kontakte anstreben. So kommt es zu einer schier unausweichlichen Verbohrtheit der gegenseitigen Rollenerwartung und Rollenübertragung, so daß die Tunnelstücke zu Schützengräben und Kasematten geraten, statt zum erleuchteten Durchbruch aus der Welt des einen in die Welt des anderen.

Anders, aber doch ähnlich liegen die Dinge in der Ehe von Frau L.

,,Mein Mann sagt grundsätzlich das Gegenteil von mir. Sage ich hüh, sagt er hott, sage ich ja, sagt er nein. Am schlimmsten ist das natürlich für die Kinder. Ich bin etwas strenger als er. Das paßt ihm nicht, und wenn ich etwas von den Kindern verlange, verteidigt er sie und meint, Kinder sollen spielen dürfen und nicht helfen müssen. So geht es in allem, was Sie sich denken können. Woran liegt das nur?"

Auf die Frage des Eheberaters, ob ihr Mann auch sonst aggressiv und streitlustig sei, antwortet sie:

,,Nein, eigentlich ist er anderen gegenüber sogar besonders friedlich. Er ist bei allen beliebt und gilt als ruhig und besonnen. Nur bei mir will er immer alles gerade anders."

Auf die Frage, ob sie selbst sich denn friedlich verhalte, räumt Frau L. ein, sie habe einen energischen Willen und setze gern durch, was sie sich vorgenommen habe. Ihr Mann habe sie früher durch seine Ruhe gereizt. Sie habe gern immer etwas unternommen, auch mehr riskiert, den Hausbau bestritten, mit Handwerkern und Firmen, mit Banken und Behörden verhandelt, weil ihr Mann sich an solche Dinge nicht recht herangetraut habe. Er sei zwar nicht dagegen, unterstütze aber auch ihre Aktivität nicht.

,,Ich fühle mich richtig ein bißchen von ihm allein gelassen, weil er meine Mühe nicht anerkennt und, statt mich zu unterstützen, immer nur sabotiert. Er weiß zwar meistens nicht, was er will, sondern nur, daß er das, was ich will, nicht will."

Herr L. mauert offensichtlich an einer Art von Tunnel, mit dem er sozusagen in den Untergrund geht. Die Aktivität seiner Frau ist ihm zu beängstigend. Er fühlt sich überfahren und bleibt in seinem unterirdischen Tunnel stecken. Eine Diskussion mit seiner wort- und tatkräftigen Frau traut er sich nicht zu, aber zum Neinsagen reicht seine Energie noch.

Herr und Frau L. haben noch weniger Chancen zusammenzufinden als das Ehepaar M., weil sie schon auf die Fünfzig zugehen und sich in den fünfundzwanzig Jahren ihrer Ehe eher auseinanderentwickelt haben, als daß sie einander nähergekommen sind. Auch sie hatten einmal unter ganz anderen Voraussetzungen begonnen, aber im Dickicht der Verhältnisse und des Alltags in Beruf und Haushalt haben sich ihre Charaktere unterschiedlich entwickelt und gegensätzlich profiliert. Herr L. war von schwächerer, zarterer leibseelischer Konstitution und hat auf die Dauer dem eigenen Führungsanspruch in der Ehe nicht standgehalten. Seine Frau hat sich unmerklich und still an ihm vorbeigearbeitet, so daß sie heute an ganz verschiedenen Stellen des Berges ihrer Probleme stehen, in die sie auch nicht so leicht Licht bringen können.

Im Fall M. wie beim Ehepaar L. — so verschieden sie sind — liegt das Verhängnis, das Sich-Verfehlen ohne eigentliche Verfehlungen, in den Umständen begründet, die auch andere Ehen kennzeichnen:

1. Sie bringen sehr unterschiedliche Anlagen,

2. sehr verschiedene Erwartungen an den Partner,

3. gegensätzliche Herkunfts- und Milieueinflüsse mit,

4. eine zu geringe Gesprächsbereitschaft und

5. zu wenig drahtlose Verbindung, also wortloses Verständnis, das den Tunnelbau aus so verschiedenen Richtungen her vielleicht noch hätte gelingen lassen können.

So muß der Eheberater die Rolle einer Funkstation übernehmen, die von beiden angepeilt wird und die die Signale des einen dem anderen verständlich macht. Wenn dessen Antenne auf Empfang gestellt und er bereit ist, diese Signale überhaupt noch wahrzunehmen, kann auch dem Tunnelbau eine neue Richtung, und zwar auf den anderen zu, gegeben werden, so daß beide sich im glücklichen Falle doch noch irgendwo begegnen.

„Quadratur":
Der Kreis, der sich nicht schließt

Verlockt von den anonymen Offerten auf dem sexuellen Meinungsmarkt, liebäugeln immer mehr Ehepartner mit der Möglichkeit, Bäumchen-wechsle-dich zu spielen. Schon werden in vielen Zeitschriften unverhohlen Adressen ausgetauscht, in denen Paare eine gemeinsame ‚Freizeitgestaltung' anbieten. Ohnedies ist das früher durchweg nur in begüterten Lebenskreisen mit freieren Sitten praktizierte Spiel des Partneraustausches zu einem mindestens möglichen Gesellschaftsspiel in breiteren Schichten geworden.

Es liegt ja auch so nahe, Freunde, die man kennenlernt und mag, in das eheliche Glück mit einzubeziehen und sich – schließlich spricht man heute offen über alles – auch intime Komplimente zu machen und zueinander so nett zu sein, wie man es sich wünscht. Ob es daran liegt, daß die Eheberatung in der Auswahl ihrer Fälle notwendig einseitig sein muß – dem Glücklichen schlägt keine Stunde, auch keine Beratungsstunde –, der Eheberater lernt nur die Fälle kennen, in denen der hochfliegende Versuch eines Fluges zum anderen Stern mit einer Bruchlandung endet. Noch sind wir mit der sphärischen Trigonometrie und der Nautik der Dreiecks- und Vierecksverhältnisse nicht so vertraut, daß wir sicher um vier Ecken kreisen können. Meistens kreist im Endeffekt jeder um sich, und die Quadratur des Kreises bleibt ein ungelöstes und meistens schmerzliches Problem.

„Wir lernten uns in einem Urlaub auf Mallorca kennen und verstanden uns auf Anhieb. Die Männer hatten ähnliche Berufe und waren sich auch in ihren Interessen, Sport, Politik und Technik näher verwandt. Die Frau des andern und ich sind zwar sehr verschiedene Typen, aber wir mochten uns eigentlich auch bald recht gern. Wie das so kommt: Man geht zusammen aus, wir tanzten miteinander, ich natürlich häufiger mit dem anderen Mann und dessen Frau mit meinem Mann. Es war ein ganz unbekanntes Gefühl. Kurz, wir verliebten uns während des Urlaubs, ohne unserem Partner irgend etwas vorzumachen. An einem Abend hatten wir allerdings sehr viel getrunken und verirrten uns in das falsche Schlafzimmer. Es war zwar alles sehr aufregend, aber wenn ich es heute beurteilen soll, bekam damals die Freundschaft einen tiefen Riß. Man tat zwar in den nächsten Tagen, als ob nichts wäre, aber in Wirklichkeit beobachtete man sich argwöhnisch. Nach außen wollte keiner die Eifersucht zugeben, in Wirklichkeit aber sammelte sich unter der Oberfläche viel Aggressivität. Wir Frauen gingen uns aus dem Wege und beobachteten uns mit Mißgunst. Die Männer kamen zwar noch zusammen und behielten ihren saloppen Ton bei, aber es klang auch zwischen ihnen alles etwas gewollt und wenig überzeugend.

Nach unserer Rückkehr trafen wir uns dann noch ein paarmal, und es kam auch wieder zu einer Party, auf deren Höhepunkt keiner mehr recht wußte, wo er war und in wessen Armen er landete. Aber wieder folgte darauf ein Kater. Ich hielt es schließlich nicht mehr aus und bat meinen Mann, Schluß zu machen. Ihm war auch nicht mehr wohl, und so erneuerten wir einfach die Einladungen nicht und haben das Paar seit einem halben Jahr nicht mehr gesehen. Ich bin sicher, wir hätten gute Freunde bleiben können, wenn wir uns nicht kreuzweise ineinander verliebt und unseren Wünschen nachgegeben hätten. Es ist doch mehr, als ein Mensch verkraften kann, und vor allem: Heute ist das Zusammenleben miteinander sehr erschwert. Keiner kann ganz vergessen, was war. Keiner will es auch wahrhaben. So warten wir, bis die Wunde vernarbt ist, und gehen so behutsam wie möglich miteinander um, genau gesehen aber umeinander herum."

Durch dieses Herumgehen wird einfach um das alte Quadrat ein Kreis gezogen, aber ganz schließt er sich nicht mehr.

Herr K., ihr Mann, bestätigt diesen Eindruck, als er auf ihre Bitte hin den Eheberater aufsucht. Das innige Treueverhältnis ist getrübt durch die immer naheliegenden Vergleiche und durch die gekreuzten Erfahrungen, die nicht ohne tiefere Verbindungen geblieben sind. Es gibt keine sexuelle Begegnung ohne das Risiko einer weiterreichenden persönlichen Bindung. Diese Erfahrung machen auch Paare immer wieder, die sich unter dem Anspruch des zum Sport denaturierten Sex nur vorübergehend im gegenseitigen Einverständnis miteinander einlassen, um ein wenig mehr Lebensfreude und Lustgewinn zu erzielen. Vordergründig gesehen ist das auch möglich. Per Saldo jedoch heben sich nach aller Erfahrung Lust und Schmerz gegenseitig auf, vor allem, wenn die Ursprungsbindung noch dauerhaft und tiefreichend ist.

Meist werden Doppelpaarbindungen jedoch erst dann akut, wenn die Ausgangsbeziehung schon gelockert oder gar brüchig ist. Es wird in der Querverbindung nicht nur der Ausgleich, sondern eventuell sogar die Genesungskur für die eigene Verbindung gesucht. Gelegentlich wird so etwas als Ehetherapie ausdrücklich empfohlen. Die Praxis bestätigt solche leicht eingängigen Ratschläge selten. Hie und da kommt es jedoch in der Tat vor, daß eine Ehe auch durch eine Doppelbeziehung auf eine neue Ebene geführt und auf die Dauer vertieft wird.

,,Wir haben einige Jahre totaler Verwirrung hinter uns. Als wir vor fünf Jahren eine Krise hatten", berichtet Frau S., ,,sind wir fast systematisch darangegangen, Freundschaften außerhalb zu suchen und haben die jeweiligen Errungenschaften auch angeschleppt. Meistens gefielen sie auch dem anderen Partner. Wir haben viele interessante Kontakte durch unsere Berufe. Kinder haben wir keine, und so ging es alles etwas kreuz und quer durcheinander. An all diese Freundschaften kann ich mich nicht genau erinnern. Aber sie entlasteten mich von dem Druck einer ausschließlichen Bindung. Ich sah meinen Mann plötzlich wieder toleranter, und damit wurde er mir auch liebenswerter als damals, als wir noch einen bürgerlichen Besitzanspruch aufeinander erhoben. Wir haben zwar das etwas freie Leben wieder eingeschränkt, weil es menschlich doch nicht ganz durchzuhalten war. Aber heute sehen wir die Sache mit Abstand und uns mit etwas mehr Wohlwollen als in der gereizten Atmosphäre vorher. Natürlich hätten wir uns auch scheiden lassen können, denn wir kamen wirklich kaum miteinander aus, ehe der Sprung in das wilde Leben begann. Vielleicht mußten wir auch Versäumtes nachholen, denn wir wurden beide sehr streng gehalten und ich vor allem gut behütet als Tochter aus ‚bester Familie'. Aber im ganzen, muß ich sagen, sind wir beide daran gereift. Wir würden es zwar nicht wiederholen, was wir im Laufe dieser Jahre an Auf und Ab erlebt haben, aber wir möchten diese Erfahrung auch nicht missen. Heute können wir ganz leidenschaftslos darüber reden. Wir verstehen uns recht gut. Unser Problem ist nur, daß wir uns heute ein Kind wünschen, aber keins mehr bekommen können. Raten Sie uns zu einer Adoption?"

Nachdem auch Herr S. so positiv von seiner Frau und den hinter ihnen liegenden Erfahrungen sprach, war gegen eine Adoption nichts einzuwenden. Zwar erfüllen Kinder in der Regel die Hoffnung nicht, daß sie zerrüttete Ehen heilen und getrennte Partner wieder verbinden. Sie können aber wohl einer Ehe, die nach ihrer Zukunftsdimension und einer gemeinsamen Aufgabe sucht, einen neuen Lebensinhalt geben. Hier sei noch von einer Quadratur berichtet, die zur Trennung führte.

,,Vor einem Jahr haben wir uns mit einem anderen jungen Paar angefreundet", berichtet Frau Sch. ,,Die Initiative ging von der anderen Seite aus. Unsere Beziehungen waren zunächst harmlos und harmonisch zugleich. Aber je näher wir uns kennenlernten, desto komplizierter wurde alles.

Mein Mann, den ich sehr liebe, ist ein Mensch, der sich gern etwas abkapselt und der ganz in seinem Beruf aufgeht. Ich habe das toleriert und mich über die kurzen Wochenenden gefreut. Seit wir das andere Ehepaar kennen, ist er immer seltsamer geworden. Er hat sich in die Frau verliebt, eine sehr zarte und sensible, etwas kränkliche, gar nicht besonders hübsche Frau. Von ihr fühlt er sich verstanden und widmet ihr jetzt jedes zweite Wochenende.

Sie brauche ihn, weil ihr Mann grob und gefühllos sei, und er brauche sie, weil er sich seelenverwandt fühle. Er wolle am liebsten zwei Frauen haben, eine für den Alltag und eine fürs Herz.

Das kann ich aber auf die Dauer nicht aushalten. Die Kinder reden schon darüber, und mein Mann macht auch keinen Hehl mehr daraus, daß er eine Freundin hat."

„Und Ihre Beziehung zu dem männlichen Partner des anderen Paares?", fragte der Berater.

„Ich wollte zuerst gar nicht, daß wir mit dem Paar in engere Beziehungen kommen. Aber an einem feuchtfröhlichen Abend ist es dann doch passiert. Da der andere Mann ein Draufgänger ist, sehr forsch und männlich, und ich auch nicht aus Stein bin, ist alles weiter gegangen, als ich eigentlich wollte. Wir haben zusammen geschlafen, während die Beziehungen meines Mannes zu seiner Freundin bis heute ganz romantisch und rein platonisch geblieben sind. Natürlich mache ich mir jetzt Vorwürfe, während mein Mann sich ganz unschuldig fühlt. Er behauptet, aus innerer Verantwortung zu handeln und für die andere Frau sorgen zu müssen, weil ihr Mann es nicht tue, sondern sie vernachlässige. Wie soll ich nur aus dieser Klemme kommen? Vorhaltungen nutzen nicht. Er fühlt sich immer im Recht. Ich halte dieses Doppelspiel aber nicht mehr aus und sehe keinen anderen Ausweg als eine Scheidung. Allerdings muß ich zugeben, daß ich inzwischen auch einen Freund habe, mit dem ich mich gut verstehe. Ich möchte studieren (er studiert auch), um dann unabhängig zu sein. Vielleicht heiraten wir später, aber ich habe ein wenig Angst davor. Mit dem anderen Mann komme ich nicht mehr zusammen und höre nur noch auf dem Umweg über meinen Mann und seine Frau gelegentlich über ihn. Er soll angefangen haben zu trinken und seine Frau zu schlagen."

Frau Sch. wirkt sehr hilflos und ist der verwirrten Lage nicht gewachsen. Deshalb sucht sie den Eheberater auf, wozu ihr Mann nicht bereit ist. Er fürchtet anscheinend Vorhaltungen und will sich nicht helfen lassen. Aber er erwartet von seiner Frau, daß sie aushält, ihn und seine Art zu leben akzeptiert und zugleich auf ihn verzichtet. Das ist mehr, als man einer Frau zumuten kann. Da die Kinder unter der ständig gespannten Lage leiden, ist eine Scheidung wohl nicht ausdrücklich zu empfehlen, aber doch als eine reale Möglichkeit in den Kreis der Überlegungen einzubeziehen und in ihrem Für und Wider abzuwägen.

Hier stellt sich auch zwangsläufig die Frage: „Gehört Eifersucht zur Liebe?"

Reinhard und Monika sind seit einigen Jahren verheiratet. Monika liebt ihren Mann abgöttisch und betrachtet ihn insgeheim als ihr Eigentum. Die beiden ersten Ehejahre verliefen glücklich. Danach kam es des öfteren zu Eifersuchtsszenen, zum Beispiel, wenn Reinhard auf einer Party zuviel mit einer anderen getanzt hatte. Oder Monika bildete sich ein, er hätte mit einer anderen heftig geflirtet. Dann begann sie, ihm Vorwürfe zu machen; sie ließ sich jedoch meist durch seine Liebesbeteuerungen schnell besänftigen.

Als sich Nachwuchs einstellte, gab Monika ihren Job auf. Sie freute sehr auf ihren neuen Aufgabenbereich als Mutter. Ihr Haushalt glänzte, und das Baby wurde von beiden zärtlich geliebt. Zu Monikas Leidwesen behielt sie nach der Geburt des Kindes eine rundliche Figur. Doch Reinhard liebte seine Frau auch mit einem Ansatz zum Doppelkinn. Er nannte sie liebevoll „meine Molly" oder „mein Dickerchen" und versicherte ihr, daß er sie so liebte, wie sie nun einmal sei. Doch gerade das war es, was Monika bezweifelte. Die Unzufriedenheit mit sich selbst vergrößerte ihre Unsicherheit. Furcht keimte in ihr auf, ihren Mann an eine andere zu verlieren. Sobald er einmal etwas später als gewohnt heimkam, überschüttete sie ihn mit den wildesten Verdächtigungen, wo er gewesen sei. Schließlich unterstellte sie ihm eine Geliebte und zweifelte an seiner Liebe zu ihr.

Reinhard – völlig überrumpelt durch die unberechtigten Anschuldigungen – beteuerte immer wieder, daß er wirklich gearbeitet habe und daß er nur sie liebe und daß es keine andere Frau in seinem Leben gäbe. Doch immer häufiger überschüttete Monika ihren Mann mit solchen Eifersuchtsszenen. Nach einem Ballbesuch wurde es Reinhard dann zuviel, und er sagte ärgerlich: „Ich lasse mich nicht länger von dir und deiner Eifersucht tyrannisieren. Warum darf ich denn nicht auch einmal mit einer anderen Frau tanzen? Wir haben doch auch zusammen getanzt, waren in der Bar und haben uns gut unterhalten. Warum mußt du nur immer alles zerstören?" Doch sie ließ sich nicht beruhigen. Ihre Stimme überschlug sich, sie verlor die Beherrschung, griff nach einer Vase auf dem Tisch neben sich und schleuderte sie ihrem Mann vor die Füße. Am nächsten Morgen meldete sich ihr schlechtes Gewissen. „Ich weiß es ja im Grunde selbst, daß meine Eifersucht unbegründet ist", überlegte sie, „warum habe ich nur immer so übertriebene Phantasien? Mit meiner Eifersucht zerstöre ich noch meine Ehe."

Wenn Reinhard und Monika es auch nicht wahrhaben wollen, so ist die Eifersucht mit der Liebe doch untrennbar verbunden: Eifersucht ist das zweite Gesicht der Liebe. Zwei Ursachen führen zur Eifersucht. Einmal ist die innere Abhängigkeit eines Menschen von einem anderen erforderlich. Tritt dann eine Konkurrenz auf mit einer tatsächlichen oder nur vermeintlichen Zuwendung zum anderen, ist die zweite Bedingung erfüllt, die Eifersucht perfekt. Gelegentlich kommt es vor, daß zu dem Gefühl der Eifersucht der Neid hinzukommt, wenn der Konkurrent jünger oder hübscher oder attraktiver ist, überlegenere Gefühle zeigt oder man sie ihm nur unterstellt. Ein Neidgefühl kann aber auch dann entstehen, wenn der eigene Partner sich mit Hilfe eines Dritten angenehme Zusatzerlebnisse verschafft, auf die man selbst aus Bindungstreue oder Mangel an Gelegenheit verzichtet. Die starke Vermischung der Eifersuchtsgefühle kann zu regelrechten Wechselbädern zwischen vermeintlicher Liebe und regelrechtem Haß in einer Beziehung führen. Der wirklich Eifersüchtige ist zu allem fähig. Er befindet sich in dem ständigen Zwiespalt, ob er lieben oder hassen soll, ob er um den anderen kämpfen, die Konkurrenz dulden und sich an sie gewöhnen oder sie auf irgendeine Weise ausschalten soll. Unabhängig davon, welche Form die Eifersucht jeweils annimmt, das Ergebnis ist das gleiche. Jede Beziehung wird durch sie in eine schwere Krise gestürzt. Bleibt die Eifersucht jedoch in normalen Grenzen, kann sie eine Partnerschaft sogar stabilisieren.

Jeder, der einem Partner Liebe entgegenbringt, erwartet bewußt oder unbewußt, daß diese Liebe auch erwidert wird. Er reagiert empfindlich, also eifersüchtig, wenn er die Liebe des anderen mit einem Dritten oder mit etwas Drittem teilen muß. Dies ist normal, und hier ist Eifersucht noch nicht jene Leidenschaft, die – nach dem Volksmund – ,,mit Eifer sucht, was Leiden schafft''. Bei einer krankhaften Eifersucht dagegen betrachtet man den anderen als Besitz, über den man total verfügen kann. Man will ihn von allen anderen Beziehungen fernhalten. Nicht nur jede Fremdbeziehung wird mit Eifersucht registriert, sondern es wird auch angstvoll eine Folge von neuen Beziehungen unterstellt und vermutet. Das Verhältnis wird bald unheilvoll vergiftet sein. Denn kein Mensch läßt sich auf die

Dauer in dieser Weise als Besitztum beanspruchen und seiner Selbständigkeit berauben.

Eifersucht ist die Kehrseite der Medaille, die Liebe heißt. Niemand will sie gern wahrhaben, aber es scheint keine Liebe ohne sie zu geben. Vielleicht ist sie so etwas wie der Leibwächter der Liebe, der auf sie achtet, damit sie nicht durch Gleichgültigkeit und Nachlässigkeit verloren geht.

Die Eifersucht ist dem Neid sehr nahe verwandt und bricht dann aus, wenn der geliebte Mensch sich einem anderen Menschen oder Liebesobjekt zuwendet oder zuzuwenden droht. Es gibt nämlich begründete und unbegründete Eifersucht. Ängste und Phantasien können sie ebenso erzeugen, wie sie eine reale Grundlage haben kann, wenn nämlich etwas Drittes hinzutritt, was sich zwischen die Liebespartner stellt. So genügt für die Eifersucht das flüchtige oder gar nur gedachte Auftreten eines attraktiveren Konkurrenten, der einem den Partner rauben könnte. Die Eifersucht ist mit heftigen Gefühlen und meistens auch Gefühlsausbrüchen verbunden, die in Aggressivität, zumindest aber in Szenen und Vorwürfe ausmünden. Der von der Eifersucht Beherrschte ist gegen seine Gefühle wehrlos und leidet unter ihnen oft ebenso stark wie der von ihm Angegriffene.

Die tiefenpsychologische Grundlage aller Eifersucht liegt in der fehlenden inneren Sicherheit und Ausgeglichenheit. Sie macht den von ihr Betroffenen abhängig vom Liebesobjekt. Mit der Konkurrenz treten Verlustängste und in Reaktion darauf verstärkte Besitzansprüche auf. Liebesgefühle, die sich nicht frei entfalten können, werden in dieser Zwangssituation unmerklich ersetzt durch Anklammerung, die mit Angst verbunden ist. Extreme Eifersucht ist nur auf diesem vielschichtigen Untergrund von Unsicherheit, Angst, Anklammerung und Besitzanspruch denkbar.

Darum ist auch die Überwindung der Eifersucht nur möglich durch die Überwindung von Angst und Unsicherheit oder durch die Erlangung von Selbständigkeit und Ich-Stärke. Man kann den andern auch lieben, wenn man nicht in verzweifelter Abhängigkeit von ihm lebt, und man kann selbständig sein, auch wenn man einen andern liebt. Dies stellt sogar die höchste Stufe der Liebe zweier Erwachsener dar und macht Eifersucht weitgehend überflüssig. Anklänge davon im Sinne der angedeuteten Schutzfunktion wird es allerdings wohl in jeder Liebesbeziehung geben. Denn einen andern hingebend und ausschließlich lieben, heißt zugleich immer auch um seine Nähe bangen und seinen Verlust fürchten, weil es absolute Sicherheit im Leben nicht gibt. Immer neues Bemühen umeinander hält die Partnerschaft am Leben.

Es gibt aber auch ein Stadium der Entfremdung und des Mangels an gutem Willen, etwas für die gemeinsame Partnerschaft zu tun, das kaum andere Alternativen als die Trennung zuläßt. Schuldanteile sind hier, wie meistens, schwer abzuwägen. Es geht auch nicht darum, einen Partner zu belasten und einen anderen zu entlasten, sondern die optimale Möglichkeit eines menschlichen Arrangements zu finden. Eine Scheidung oder Trennung kann ein Ende mit Schrecken bedeuten, das immer noch besser ist als ein Schrecken ohne Ende. Eine ehrlich geschiedene Ehe ist – auch für die Kinder – besser als eine unaufrichtig fortgeführte zerrüttete Ehe. Das gilt auch für jede andere Beziehung mit oder ohne Kinder.

„Kindertheater":
Das Tauziehen hinter den Kulissen

Eine Ehe ist ein Prozeß mit ungewissem Ausgang. Niemand weiß, ob nach zwanzig Jahren noch alles so aussieht wie am Anfang. Das gilt für die Beziehung der Partner, für die Interessen des einen wie des anderen, für die berufliche und persönliche Entwicklung und vor allem für die Veränderung, die sich daraus ergibt, daß meistens aus einer Ehe irgendwann eine Familie wird.

Kinder verändern nicht nur der Quantität, sondern auch der Qualität nach das Beziehungsgefüge einer Ehe. Darum wünschen sich einander sehr heftig liebende Paare vereinzelt kein Kind, weil es trennt. Und etwas kühlere erhoffen sich von ihm, daß es verbindet.

Je geringer die Kinderzahl ist, desto mehr gewinnt das Kind an Sprengkraft für die Ehe. Je weiter die Methoden der Familienplanung fortschreiten, desto höher wird der Anteil der Wunschkinder, und das ist gut. Zugleich aber wächst die Zahl der Konflikte darüber, ob und wann ein Kind erwünscht ist. Es gibt Frauen, die es nicht erwarten können, ein Kind und sehr rasch darauf das nächste zu haben, während der Mann sich in seiner Ruhe und seinen Ansprüchen durch die Frau gestört fühlt. Umgekehrt gibt es Kindernarren unter den Männern oder solche, die in der Kinderzahl die Bestätigung von Männlichkeit und Patriarchenwürde sehen, die wenig Verständnis für die Schwierigkeiten der Frau, Kinder zu bekommen und großzuziehen, aufbringen.

Beim zweiten Kind ist der Zeitpunkt häufig heikel, und über das dritte geraten nicht wenige Ehepaare in Konflikt. Was darüber ist, geht ohnedies auf höhere Gewalt zurück. Es gibt den

Fall, daß Frauen sich Kinder wünschen, weil sie mit einem oder keinem Kind nicht ausgefüllt sind, und es gibt den Fall, daß Männer ihren Frauen Kinder an den Hals wünschen, um sie zu beschäftigen. Natürlich wird das alles vielfältig kaschiert und mit guten pädagogischen, moralischen oder religiösen Gründen verbrämt, aber der Eheberater ist genug desillusioniert, um hinter die kunstvoll aufgebauten Rationalisierungen, das Gefüge der guten Gründe, zu blicken und den krassen Kampf höchst eigennütziger Motive auch darin zu erkennen – womit nicht gesagt sein soll, daß sie die einzigen sind.

„Meine Frau", klagt Herr F., „möchte unbedingt noch ein drittes oder auch noch weitere Kinder. Sie sagt, sie fühle sich dieser Aufgabe gewachsen, und Kinder machten doch Freude. Ich finde aber, daß sie mit diesen beiden Kindern schon nervlich am Ende ihrer Kraft ist. Und im übrigen halte ich es überhaupt in einer so übervölkerten Welt für unvertretbar, mehr als zwei Kinder zu haben."

Gute Gründe also, gegen die man vernünftigerweise nichts einwenden kann. Im weiteren Gespräch stellt sich allerdings heraus, daß die Ehe schon einige Zeit nicht mehr glücklich war, weil beide andere Interessen hatten und in ihrer Freizeit unterschiedlichen Beschäftigungen nachgingen. Die Frau litt eine Weile unter der Abwesenheit des Mannes, der lieber auf dem Sportplatz und mit seinem Auto beschäftigt war. Sie versuchte es mit Handarbeiten oder begnügte sich mit dem Fernsehen. Aber da sie dadurch den Groll und die menschliche Enttäuschung nicht überwand, suchte sie die Beziehung zu den Kindern zu intensivieren. Dazu gaben ihr die beiden aber – wie sie meinte – noch nicht genug Arbeit und Lebensinhalt. Auch hoffte sie – natürlich gänzlich unbegründet –, den Mann durch weitere Kinder mehr an die Familie und damit an sich zu fesseln. Immer wieder setzte sie ihm zu: Wir können uns doch noch ein Kind leisten. Das Kleine müßte doch noch einen Spielgefährten haben, weil der Abstand zwischen den beiden so groß ist. So etwa lauten die Argumente. In Wahrheit sind die Kinder hier Ersatz und sollen Überbrückung sein für eine gestörte eheliche Beziehung. Gebrauch und Nichtgebrauch der „Pille" erweisen sich keineswegs nur als Ergebnisse eines freien Entscheidungsprozesses der Frau im Zuge ihrer Emanzipation, sondern möglicherweise als Druckmittel des einen gegen den anderen Partner.

Und wenn ein Kind zur Welt gekommen ist, setzt das beliebte Spiel um die Herkunft der Anlagen und Eigenschaften ein. Ein Säugling müßte über die mimische Ausdrucksfähigkeit eines ganzen Schauspielerensembles verfügen, wenn es zutreffen sollte, was wohlmeinende und auf Familienzugehörigkeit bedachte Verwandte in seinen Mienen für Analogien und Genealogien zu entdecken meinen. Die Stirn soll er vom Onkel Franz, die Nase von Tante Irmingard, nein, von Großmutter Weißhaupt, das Kinn ganz sicher vom Onkel Ernst und womöglich die vielen Falten von der Tante Rotraut haben. Wenn der hoffnungsvolle Knabe heranwächst, ändert er den Gesichtsausdruck mehrfach, und neue Konstellationen werden sichtbar. Die Phantasie der Verwandtschaft ist lebendig genug, neue Parallelen zu entdecken oder zu erfinden. Auch die ersten vermeintlichen Charakterzüge werden nun in das Kombinationsspiel mit einbezogen, das sich als sublimes Kriegsspiel enthüllt. Alle guten Eigenschaften kommen natürlich aus der eigenen Linie, alle heiklen, zweifelhaften oder gar offenkundig schlechten natürlich aus der anderen. „Guck dir einmal an, was dein Sohn für ein Zeugnis nach Hause gebracht hat", läßt um die Versetzung fürchten. Die winzige Veränderung von „dein" in „mein" hätte der Lage eine überraschende Wendung gegeben und sie in wesentlich günstigerem Licht erscheinen lassen. Was im Scheidungsgeschehen offenkundig wird, das Tauziehen um die Kinder, vollzieht sich auch in der gar nicht einmal gestörten oder gar zerrütteten Ehe ganz alltäglich, so daß es kaum auffällt.

Frau D. ist eigentlich wegen eines Erziehungsproblems gekommen. Ihr zwölfjähriger Junge stiehlt und bleibt nicht bei der Wahrheit. Er bekommt ein relativ knappes, aber immerhin regelmäßiges Taschengeld, nimmt sich jedoch für seinen hohen Konsum an Süßigkeiten nach eigenem Gutdünken aus der Haushaltsschatulle der Mutter noch nach Bedarf hinzu. Darauf angesprochen leugnet er, bis er überführt wird. Auch andere für ihn unerfreuliche Mitteilungen weiß er so abzuändern oder zu unterdrücken, daß man von wahrheitsgemäßer Berichterstattung nicht mehr reden kann. Frau D. berichtet eine ganze Reihe von Fällen, die ihre Sorge verständlich machen und zunächst nicht auf das Problem ihrer Ehe hinweisen. Auf die Frage des Eheberaters jedoch, ob das Kind noch Geschwister habe, antwortet sie:

„Ja, einen kleineren Bruder. Der ist genau wie ich. Wir sind etwas lebendiger und interessierter. Der älteste ist mehr wie mein Mann, ruhiger und lahmer. Man muß sie immer ein wenig ziehen und schieben, damit sie überhaupt in Gang kommen. Beiden fällt das Lernen auch etwas schwer. Manchmal regt mich das richtig auf, weil man alles dreimal erklären muß. Mein Mann interessiert sich von selbst für gar nichts, nicht einmal für mich."

Hier lag der Hund begraben, das Kind ist – nach Balint – wie so oft „das aufdeckende Symptom": Die Frau hatte das Gefühl der Vernachlässigung – ihrem Mann gegenüber ohnmächtig – einfach an dem älteren Sohn gerächt, ihn kurzgehalten und an ihm herumerzogen und ihn vielleicht auch schikaniert. Er hatte darauf mit Fehlentwicklungen der geschilderten Art geantwortet. Ihr Liebling war der Kleine. Ihr Mann war nicht genug pädagogisch interessiert oder hatte auch nicht genug Zeit, für den Älteren die ungleiche Lage erträglicher zu machen. Wäre das erste Kind ein Mädchen gewesen, lägen die Dinge wahrscheinlich besser. Seit neuerem weiß man, daß Väter an Mädchen nicht nur mehr Interesse haben, sondern auch für ihre geistige und soziale Entwicklung eine Schlüsselrolle darstellen. Die bedeutende Entwicklung großer Söhne geht häufig auf ihre Mütter zurück. Vielleicht sind nur deshalb Frauen so selten zu überragenden Kulturleistungen gekommen, weil sie sich des frühen Interesses der Väter nicht so oft erfreuen konnten!? Die Forschung wird in den nächsten Jahren zu diesem erst in letzter Zeit aufgeworfenen Problemkreis mehr erbringen. Hier sind die Kinder zur Waffe in der Auseinandersetzung der Partner geworden. Die Familie hat nicht zu einem Plus der Ehe, sondern nur zu einer Verschärfung der Frontsituation im Ehekriegsspiel geführt.

Es gibt Familien, in denen sich Mütter ihre Verehrer, aber auch ihre Tyrannen heranziehen, Väter ihre Zweitfrauen, Dienerinnen und Repräsentationsschönheiten. Wenn das Familienensemble aufeinander eingespielt ist und keiner der Partner zu kurz kommt, mag eine solche Rollenverteilung glücklich sein. Häufiger erweist sich jedoch, daß das liebe Familientheater ein erweitertes ‚Ehetheater' ist, um das Wort von Adolf Sommerauer aus dem gleichnamigen Buch zu zitieren. Enttäuschung aneinander, abstumpfende Gewohnheit, unbefriedigte Erwartungen, Hoffnungen oder auch nur Eitelkeiten werden über die Kinder aufs neue in die Zukunft projiziert und in ihnen gepflegt und verlängert.

Irgendwann enden dann auch diese Spielverlängerungen. Bei den Enkeln herrschen meistens andere Konstellationen. Abgeklärtheit und Altersweisheit gestatten den Partnern endlich jene Unbefangenheit, die nicht von der eigenen Problematik beherrscht wird, sondern die des anderen aufmerksam und im Idealfalle tolerant zu Herzen nimmt. Kinder können nur in einer guten Ehe gedeihen. Eine gute Beziehung zu den Kindern kann jedoch keineswegs eine gestörte Ehe heilen. Darum ist die Reihenfolge nicht umkehrbar. Die Konsequenz hieraus ist, daß die Eheberatung der Erziehungsberatung an Zeit und Bedeutung eigentlich vorauszugehen hat, während es in der Praxis und in der öffentlichen Förderung umgekehrt ist. Kinder enthüllen zwar die Konflikte, aber sie verschleiern sie zugleich, weil sie Partner wie Klammern zusammenhalten, die sich längst entfremdet sind. Sie verpflichten die Eltern zur Einigung, sei es in der Form der äußeren Erhaltung der Einheit, sei es gelegentlich auch in manchen Fällen als Hilfe zur Versöhnung.

Was passiert aber, wenn der Kinderwunsch nicht erfüllt wird: Über dreizehn Jahre zieht sich die gleiche bittere Enttäuschung durch die Ehe von Patricia und Frank: Der gemeinsame Kinderwunsch blieb unerfüllt.

Am Anfang war es ihnen recht: Beide arbeiteten und hätten gar kein Kind brauchen können. Nach etwa drei Jahren stellte sich aber doch der Wunsch ein und verstärkte sich ständig. Patricias Vater erhoffte sich einen Stammhalter für die Firma, und Frank wäre es auch nicht unrecht gewesen, wenn das erste Kind ein Junge wäre.

Und nun war es weder ein Junge noch ein Mädchen. Es stellte sich trotz eifrigsten Bemühens einfach kein Anzeichen für eine Schwangerschaft ein. Die Untersuchung ergab, daß Patricia und Frank völlig gesund waren.

Viel schlimmer war, daß sich die Erwartungen und Hoffnungen zuspitzten, einer dem andern die Schuld gab und jeder die Geduld verlor, noch länger auf ein Kind zu warten. Immerhin waren beide inzwischen fast Mitte dreißig, und die Aussichten wurden schlechter.

Beide fühlten sich von den gegenseitigen Erwartungen gequält. Auf Alternativen wie Adoption oder künstliche Befruchtung konnten sie sich nicht einigen.

Viele Abende wurde über dieses Problem gestritten. Beide drohten sich gänzlich auseinanderzustreiten – bis sie endlich beschlossen, gemeinsam einen psychologischen Berater aufzusuchen, der ihnen folgendes riet:

- Entschärfen Sie zunächst das Thema, und befreien Sie sich gegenseitig von jedem Erwartungsdruck.
- Warten Sie noch einige Monate ab, in denen Sie Ihr Liebesleben nach Möglichkeit normal fortsetzen. (In vielen Fällen tritt unter diesen entspannteren Voraussetzungen doch überraschend eine natürliche Schwangerschaft ein.)
- Diskutieren Sie, falls kein Erfolg eingetreten sein sollte, über die dann noch in Frage kommenden Möglichkeiten ohne Vorbehalt. Wägen Sie das Für und Wider ab und halten Sie die Argumente auch schriftlich fest.
- Keine der Lösungen ist von vornherein auszuschließen. Vielleicht gibt es aber Kompromisse – so zum Beispiel die künstliche Befruchtung mit dem Samen des eigenen Mannes, die in diesem Fall eigentlich möglich sein müßte.
- Und selbst mit der Möglichkeit, kein Kind zu haben, sollten Sie sich vertraut machen. Entscheidend ist Ihre Beziehung und die gegenseitige Liebe. Diese hat ihren Wert auch ohne ein Kind. Und ohne sie wäre auch das Leben eines Kindes nicht erfüllt und glücklich.
- Darum genießt die Pflege Ihrer Beziehung oberste Priorität. Alles, was Sie füreinander tun können, ist für Sie gut und wird die beste Voraussetzung für die Lösung des anderen Problems sein, das aber fürs erste ausdrücklich zurückgestellt und sozusagen auf Null gebracht wird.

Tatsächlich stellte sich schon nach einigen Wochen ,,ganz von selbst" der erwünschte Erfolg ein, an den beide schon gar nicht mehr zu glauben gewagt hatten.

Obwohl diese Geschichte für alle Beteiligten ,,gut" ausging, ist sie doch ein Beispiel für den Konfliktstoff, den Kinder in eine

Beziehung einbringen können. Manch ein Kind wird so ungewollt zum Auslöser für schwerwiegende Partnerkonflikte. Das Kind wird dabei auch oft nur vorgeschoben, die wahren Problemauslöser bleiben unerkannt.

„Glashaus":
Immer nur der eine?

Für viele Paare gilt, daß sie vor aller Augen in einem Haus leben, das sie nicht mehr verlassen können. Nach außen müssen sie Frieden vortäuschen, aber miteinander spielen sie Krieg.

„Wir reden oft tagelang kein Wort miteinander. Er läuft in der Wohnung hin und her wie der Tiger im Käfig. Ich sitze da und wäre am liebsten weit weg. Aber wir wissen beide: Es geht nicht. Keiner darf merken, wie es um uns steht. Mein Mann leitet eine große Schule und würde bei der Dienstaufsichtsbehörde, den Eltern und den Kindern an Ansehen verlieren und vielleicht seine Karriere einbüßen, wenn einer von uns das täte, was er am liebsten tun würde: abspringen, neu anfangen, den anderen bloßstellen und all die heruntergeschluckten Bosheiten zurückgeben, einmal richtig den Kropf leeren. Und deshalb bin ich bei Ihnen. Ein anderer Ausweg bleibt uns ja nicht übrig. Sollen wir uns das ganze Leben verderben? Wir leben wie zwei Skorpione unter einer Glasglocke, gehen umeinander herum, wachsam und mißtrauisch: Der nächste Stich könnte tödlich sein. Wir haben keine Chance, unser Gefängnis zu verlassen. Wir müssen uns arrangieren, ob wir wollen oder nicht."

Dabei weicht das, was Frau M. im einzelnen zu berichten hat, nicht auffällig von den Gewohnheiten einer Durchschnittsehe ab. Er schikaniert sie mit der Lektüre der Morgenzeitung beim Frühstück, sie revanchiert sich mit Lockenwicklern, er belacht höhnisch ihr Interesse für moderne Musik, sie nennt ihn einen opportunistischen Ehrgeizling. Er beginnt abends in seinem Hobbykeller zu hämmern, sie bekommt sonntags ihre Migräne: Jeder von ihnen hat schon mindestens einen Ausbruchsversuch unternommen, sie nahm Schlaftabletten, aber nicht genug, um nicht am nächsten Tag wieder aufzuwachen. Er verließ das Haus, um nach drei Tagen wieder heimzukehren. Über beides wurde kein Wort verloren. Man spielt weiter und ritualisiert den Krieg so, daß er für den anderen schmerzhaft und für einen selbst gerade noch erträglich ist. Da man nicht glücklich ist, soll es auch der andere nicht sein. Der Zustand ist unhaltbar, aber die unhaltbarsten Zustände halten sich bekanntlich am längsten.

Um die Lage überhaupt zu ertragen, mildert man sie durch Höflichkeiten ab. Man erkundigt sich nach dem Befinden des anderen und erfährt, daß es schlecht ist, bietet ihm ein Stück Kuchen an, auch wenn er keinen Appetit hat. Man behält konventionelle Liebesgesten bei, gibt sich ein Küßchen zum Abschied, kurz, man pflegt das, was die Verhaltensforschung als Beschwichtigungsritus kennt, jene – auch im Tierreich bekannte – Form von Aggressionsbewältigung, die Schlimmeres verhüten soll, der ,,Knotenpunkt, an dem Aggression und Liebe eng verknüpft sind", wie Irenäus Eibl-Eibesfeldt sagt. Durch räumliche Nähe steigert sich der Aggressionstrieb, vor allem, wenn er außen nicht entladen werden kann. Er sucht nach der Gelegenheit, sich abzureagieren. Die kleinsten Anlässe genügen, wenn nicht die Lage durch rechtzeitiges Gegensteuern des Partners immer wieder entschärft wird.

,,Du hast schon recht", ,,Ach wie schade", ,,Soll ich dir helfen?", ,,Wo tut es denn weh, was soll ich tun?" sind Waffenstillstandsangebote und Besänftigungsformeln, die den totalen Krieg mit tödlichem Ausgang verhindern. Als Spuren einer einstmals vielleicht noch lebendigen Liebeszuwendung sind sie jetzt zu Umgangsfloskeln erstarrt, die vorwiegend Signalbedeutung haben wie die Sanitäterzeichen, der SOS-Ruf oder die weiße Fahne des Parlamentärs zwischen den Kriegsfronten, die die Waffen vorübergehend zum Schweigen bringen. Immerhin erfordern diese Gesten einen Rest von Liebe oder doch ein hohes Maß von Überwindung. Wenn die Aggressionen nicht mehr auf zivilisierte Weise gemeistert werden können, wenden sie sich in der Ehe häufig nach innen. Ein Partner wird krank oder beide terrorisieren sich mit ihren Leiden.

Frau O. klagt über chronische Rückenschmerzen. Wenn sie länger in der Küche stehen muß oder sich im Garten bückt, tut es ihr im unteren Bereich der Wirbelsäule noch lange weh. Es ist nicht ihre Art zu klagen.

„Ich schlucke es schon lieber herunter. Natürlich habe ich dann keine Lust, sonntags viel zu kochen, weil ich lange in der Küche stehen müßte. Am liebsten liege ich auf der Couch und lese, wozu man ja die ganze Woche nicht kommt. Wenn ich meine Monatsregel bekomme, ist es besonders schlimm. Oft habe ich länger als acht Tage mit diesen Rückenschmerzen zu tun. Aber ich sage meinem Mann meistens nichts davon."

Herr O., der kurz darauf in die Beratung kommt, sieht darin mit Recht ein Warnzeichen und hält sich zurück. Das gilt sowohl für seinen Wunsch, sonntags gut und ausgiebig zu essen, wie auch für seine sexuellen Wünsche um die kritische Zeit. Da seine Frau auch nervlich labil ist, wie er sagt, könnte er diese Warnzeichen ohne Schaden nicht übersehen. Am Anfang der Ehe habe seine Frau mehrere Nervenzusammenbrüche erlitten, und darauf möchte er es nicht wieder ankommen lassen. Wenn er sich selbst nicht wohl fühle, lege er sich ebenfalls einfach ins Bett. Ihm sei schon aufgefallen, daß Erkältungskrankheiten, Schnupfen und Grippe vorzugsweise am Wochenende oder im Urlaub ausbrächen.

So ist das Leben zwar nicht angenehm, aber wenn die Aggressionen sich statt nach innen ungefiltert und ungebrochen nach außen kehrten, wäre es unerträglich, und das ohnehin schon fragile Glashaus der Ehe würde klirrend zerspringen.

Die Zahl der Fälle steigt, in denen die Strategie des begrenzten Konflikts nach den geschilderten Modellen den Partnern als nicht mehr zumutbar erscheint. Sie sehen nicht ein, warum die Ehe, die Garantie des Glücks sein sollte und sich als Garantie des Unglücks herausstellte, um jeden Preis weitergeführt werden muß. Ein Ende mit Schrecken erscheint vielen menschlicher als ein Schrecken ohne Ende. Seit die Ehe von den unterschiedlichsten Gesellschaftskritikern als Krankheitsursache, als Aggressionsventil, als Haftanstalt hingestellt wurde, beginnt auch der gutwilligste Zeitgenosse darüber nachzudenken, ob Ehe unausweichliches Schicksal ist. Es waren zwar noch nie so viele Menschen verheiratet wie heute (mindestens 90 Prozent), es wird zwar immer früher geheiratet, und die Ehen dauern aufgrund der gestiegenen Lebenserwartung immer länger; aber auch nie zuvor wurde an den Gitterstäben der Moral so nachhaltig gerüttelt wie heute. Die Zahl der Scheidungen steigt ständig, und die Zerrüttungsschwelle wird niedriger. Das heißt, der Punkt, an dem man das Gefühl hat, daß eine Ehe nicht mehr lohnend oder tragbar ist, wird früher erreicht. Von da an trennen sich die Wege, man ist eher bereit auseinanderzugehen. Hindernisse wie das Vorhandensein von Kindern, die Verantwortung gegenüber den Verwandten, die Rücksicht auf die Resonanz der Umwelt, die Sorge vor den Folgen spielen eine immer geringere Rolle.

„Wer im Glashaus sitzt, soll nicht mit Steinen werfen", sagt das Sprichwort. Aber immer mehr Partner werfen mit Steinen um sich, bis das Glashaus, in dem sie lebten und sich eingesperrt fühlten, zertrümmert ist. Frische Luft, aber auch schneidende Kälte dringen herein. Viele der Beispiele, die bisher genannt wurden, handeln von Paaren, die den Rat des Eheberaters nur suchen, weil sie sich einer Scheidung nahezu unausweichlich gegenübersehen. Manche wollen die Meinung des Eheberaters als Legitimation, andere suchen in ihr eine letzte Chance.

„Warum kann es nicht sein wie früher", fragt Frau J. „Wir

haben uns doch freiwillig entschlossen, unsere Freiheit füreinander zu opfern. Heute reiben wir uns so aneinander, daß ich mir nichts sehnlicher wünsche, als wieder frei zu sein. Sie glauben nicht, was eine Ehe für eine Qual sein kann. In den ersten Jahren ging es noch leidlich. Dann haben mich die Kinder ausgefüllt, aber heute, nach 23 Jahren, sehe ich keinen Ausweg mehr. Wir haben uns auseinandergelebt. Mein Mann hat andere Interessen. Fast nichts verbindet uns, aber wir müssen miteinander leben. Im Bett kommen wir noch manchmal zusammen, aber das ist auch mehr eine Pflichtübung. Wenn es gutgeht, gibt es dann ein paar freundliche Tage. Aber das ist auch seltener geworden in der letzten Zeit, und meistens kommen die kleinen Sticheleien oder das große Angähnen bald wieder. Mein Mann hat im Beruf seinen Lebensinhalt gefunden, und ich habe ihn mit den Kindern verloren, seit sie aus dem Haus sind. Eine Ehe kann man das nicht gut nennen, aber neu anzufangen ist auch nicht mehr möglich. Mein Mann erlebt das nicht so schwerwiegend. Für ihn war die Ehe sowieso weniger wichtig. Um so mehr geht er mir auf die Nerven mit seiner Gleichgültigkeit, seiner Müdigkeit am Abend, seinem Beruf, den ich nicht kenne und darum nicht lieben kann."

Frau J. hatte – wie so viele Frauen – ihre eigene Identität noch nicht gefunden, als sie heiratete, und danach ließ ihr das Leben keine Zeit dazu. Jetzt hat sie das Empfinden einer großen Leere, lebt sie in einem Glashaus mit Unterdruck. Ihr Mann hat wenigstens die Entschädigung in der normalen Luft des freien Lebens draußen. Er leidet nicht so unter dem Gefühl, eingesperrt zu sein, wie sie.

,,Meine Frau könnte eigentlich zufrieden sein", sagt Herr J., ,,es geht uns besser als je zuvor. Wir haben keine wirtschaftlichen Sorgen, sie hat nichts zu tun, und es geht uns auch gesundheitlich einigermaßen. Gut, wir sind nicht gerade ein Liebespaar. Sie geht mir auf die Nerven mit ihren Launen und ihrer Unzufriedenheit. Stets möchte sie etwas anderes, heute will sie die Wohnung neu tapezieren und alle Möbel umstellen, morgen möchte sie eine Beruf ergreifen. Sie absolviert nacheinander die gegensätzlichsten Volkshochschulkurse, und ich bin meist das Opfer ihrer Vorwürfe dafür, daß sie nichts gelernt hat. Aber sie braucht doch gar keinen Beruf. Es geht ihr doch so viel besser. Statt dessen ist sie nervös und reizbar, interessiert sich überhaupt nicht für meine Angelegenheiten, und seit einiger Zeit redet sie sogar von Scheidung. Ich weiß wirklich nicht, was sie hat."

Herr J. weiß es wirklich nicht, aber in seiner Ehe verdichtet sich die Krise des Jahrhunderts: die der Männer, denen der Beruf keine Zeit für ihren zweiten Hauptberuf, die Ehe, läßt; die vieler Hausfrauen, die für ihr Leben keine sinnvolle Aufgabe haben, die ihnen das Gefühl vermittelt, gleichwertig zu sein. Die Ehe wird nicht mehr als Befreiung aus gesellschaftlichen Zwängen erlebt, sondern geradezu als das Musterbeispiel dieser Zwänge, als ihre Zuspitzung. Darum wollen die einen sie generell, die anderen sie zumindest individuell abschaffen.

Und dennoch: Menschen gehen sie immer wieder ein und kämpfen immer aufs neue darum, sie glücklich zu bestehen! An die Stelle des Geschlechterkampfes soll der Geschlechterfriede treten, die Frage lautet nur, ob und wie das gelingen kann. Mehr darüber erfahren Sie in den folgenden Kapiteln.

Die Strategien des Friedens

Wer sich darum bemüht (und was sollte sonst die Aufgabe des Psychologen sein?), den Frieden möglich zu machen, wäre ein Utopist, wenn er nicht von der Grundtatsache ausginge, daß Kampf, Krieg und Konflikt auch in den privatesten Beziehungen vorkommen, wenn nicht sogar vorherrschen. Das haben Sie an den Beispielen von ,,Wippschaukel" bis ,,Glashaus" deutlich gesehen. Es ist nicht viel anders als in der Weltgeschichte: Der Friede ist die Ausnahme und – jedenfalls bis in die Gegenwart – der Krieg oder zumindest der Konflikt die Regel.

Besonders schwerwiegend ist er dann, wenn er zwar die Regel ist, aber dennoch ohne Regel verläuft. Es gilt also, Regeln und Strategien zu finden, die Konflikte, wie die in den letzten Kapiteln beschriebenen, zwar nicht gänzlich ausschließen und für immer überwinden, die sie aber erträglicher und menschlicher machen und darum nicht unbedingt zum Zerbrechen der Partnerschaft führen müssen.

Wer Konflikte grundsätzlich bejahen kann, muß deswegen die Liebe nicht aufgeben. Beide gehören zusammen, sind in die Ganzheit der Beziehung integrierbar. Schließlich mag es sogar möglich sein, den Konflikt zu lieben – wenn er aufhört, ein Kampf ums Überleben zu sein und nicht zum Niederringen oder gar zur Vernichtung eines Gegners führen soll.

Auf den folgenden Seiten finden Sie deshalb Strategien des Friedens, die es Ihnen ermöglichen, Ihre Partnerschaft zu verbessern und so Spielen, wie den auf den letzten Seiten beschriebenen ein Ende zu bereiten.

Konflikte — ihre Entstehung und Struktur

Konflikte sind oft schon tief in der Struktur der Partnerschaft und in der Gegensätzlichkeit beider Partner angelegt. Gerade darum haben sie sich gefunden und überhaupt interessant gefunden. Der Volksmund faßt diese Erfahrungstatsache, die durch die Forschung erhärtet wurde, lapidar zusammen: ,,Gegensätze ziehen sich an." Es scheint ebenso eine Neigung des partnersuchenden Individuums wie ein Trieb der Gattung im Dienste der Arterhaltung zu sein, daß Partner mit unterschiedlichen Eigenschaften und Voraussetzungen anziehend aufeinander wirken. Jeder trägt so etwas wie ein vollkommenes Bild vom Menschen in sich. Die Seiten, die ihm daran fehlen, erscheinen ihm am anderen besonders begehrens- und liebenswert. Zugleich scheint die Natur mit der immer neuen Zusammenführung gegensätzlicher Anlage- und Wesensstrukturen größere Polarisierungen und Unvereinbarkeiten in der Weiterentwicklung des Erbgutes verhindern zu wollen. So bleibt Kommunikation möglich, weil immer wieder eine Mischung unterschiedlichster Anlagen und Voraussetzungen stattfindet. Mag die Gattung sich auf diese Weise von Spannungen und Polarisierungen entlasten — die einzelne Partnerbeziehung muß es büßen und den Tribut hierfür in Form erhöhter Spannungen zahlen.

Je mehr die Gesellschaft sich mischt und vereint, um so größer und vielfältiger wird das Angebot von Gegensätzen, die wie die Pole eines Magneten einander anziehen. Da sucht und findet der schwärmerische, gefühlsbewegte Mensch den kühlen und nüchternen; der redselige findet den schweigsamen Partner; der Frühaufsteher den Langschläfer, der Gesellige den Einzelgänger, der Nervöse den Dickhäuter.

Wenn nicht die Partner jenseits aller Gegensätze auch noch Gemeinsamkeiten haben, wird die Lösung oder auch nur Bändigung der Konflikte schwer sein. In bezug auf Gegensätzlichkeit und Gemeinsamkeit lassen sich drei Modelle denken:

1. harmonische Gemeinsamkeit,
2. konstruktive Gegensätzlichkeit,
3. destruktive Gegensätzlichkeit.

Eine Partnerschaft, die viele Faktoren gemeinsam hat, verläuft nachweislich stabiler und konfliktfreier. Solche Gemeinsamkeiten sind: Herkunft und soziales Milieu, Alter und Schulbildung, Beruf und Freizeitinteressen, Konfession und politische Überzeugung, erlernte Partnerschafts- und erfahrene Erziehungsstile und natürlich auch angeborene oder geprägte Charakter- und Temperamentseigenschaften. Je mehr Gemeinsamkeiten vorhanden sind, je mehr beide aus dem gleichen Milieu kommen, ähnliche Auffassungen haben und in ihren Grund- und Glaubensüberzeugungen zueinander passen, um so besser verstehen sie sich und um so mehr gegenseitige Bestätigung und gegenseitiges Verstehen sind möglich.

Unterschiede für den notwendigen Dialog und das Gefühl von Spannung, das eine Partnerschaft bleibend interessant macht, sind auch bei einem breiten Fundus von Gemeinsamkeiten immer noch hinreichend vorhanden. Deshalb kann aus der Sicht der Eheberatung im Interesse der einzelnen Partnerschaft nur eine große Zahl gemeinsamer Faktoren begrüßt werden. Das stammesgeschichtliche Interesse der Zusammenwürfelung gegensätzlicher Faktoren im Sinne des größten gemeinschaftlichen Vielfachen oder dessen, was Hans-Jürgen Eysenck „Regression zur Mitte" nennt, bleibt hierbei unberücksichtigt.

Aber auch wo, wie in den meisten Partnerschaften heute, Gegensätze dominieren, muß es nicht zu zerstörerischen Konflikten kommen. Vor allem das Gespräch vermag viel, und es stellt wahrscheinlich die wichtigste partnerschaftliche Pflicht und die dauerhafteste partnerschaftliche Freude dar.

Wir können grundsätzlich zwei verschiedene Gesprächssituationen unterscheiden:

1. das Gespräch über Gemeinsames und

2. das Gespräch über Trennendes.

Über Gemeinsames sich auszutauschen, ist erfreulich und ergiebig. Es bedarf keiner besonderen Regeln. Hier genügt es, den anderen anzuhören und zu Wort kommen zu lassen, aber selbst auch von sich und seinen Interessen zu sprechen. Harmonie und Einverständnis stellen sich dann von selbst ein.

Wichtiger und problematischer ist das Gespräch über Trennendes, die Auseinandersetzung in Konfliktsituationen. Mit ihnen werden viele Partner nicht fertig. Konflikte aber gibt es in jeder Partnerschaft über Kleinigkeiten oder wirkliche Krisenpunkte, wobei die ersteren oft nur Symptome der letzteren sind. Streiten läßt sich über alles, und auch in einer glücklichen Partnerschaft wird gestritten. Aber der Unterschied zwischen einer glücklichen und einer unglücklichen Partnerschaft liegt darin, *wie* gestritten wird. Konstruktiver Streit bleibt bei der Sache, um die es geht, und macht daraus nicht eine Kette von Kernexplosionen bis zurück zu dem Tag, an dem man sich kennenlernte.

Erstaunlicherweise erschöpft sich in Partnerschaften der Stoff der Gemeinsamkeiten immer wieder relativ schnell. Auf jeden Zustand wohliger Nähe scheint – wie aus einem inneren Antrieb nach Abgrenzung und Auseinandersetzung – irgendwann der gefährliche Impuls zur streitigen Kontroverse zu entspringen. Nicht genug damit: Sie nimmt sehr bald auch heillose und nicht mehr regierbare Formen an, in denen der einzelne sich nicht mehr nur darstellt und äußert, sondern dazu übergeht, den anderen gleichsam an die Wand zu stellen und seine eigene Selbstbehauptung und Selbstdarstellung auf Kosten des Partners zu erreichen.

Dies geschieht offenbar um so leichter, je größer die strukturellen Gegensätze sind. Wenn der andere schon nicht die tiefe Sehnsucht nach Ähnlichkeit, Gleichheit und Gemeinsamkeit erfüllt, muß er — so scheint es — durch Konfrontation und Disqualifizierung dafür bestraft werden. Es spielt hier keine Rolle, daß dies vor allem bei Menschen mit schwachem Selbstwertgefühl oder bei normalen Menschen in geschwächten und kritischen Situationen geschieht. Es genügt, daß der Mensch dazu nicht nur fähig ist, sondern offenbar auch eine ausgeprägte Neigung besitzt. Sonst würde sich die gleiche Situation nicht immer wiederholen.

Jahrzehntelange Beobachtung und Erforschung von Partnerschaften und Ehen hat mich zu einer Typologie der Gegensatzpaare geführt, die ich versucht habe, in einigen einprägsamen Schlagworten festzuhalten. So kommen in sehr vielen Beziehungen, wenn nicht sogar in den meisten, auf jeden

Sitzer ein Flitzer,
Heger ein Feger,
Sager ein Nager.

Sitzer und Flitzer

Einer in einer Partnerschaft ist meistens seßhafter und nicht so leicht aus der Ruhe und in Bewegung zu bringen. Der andere folgt jedem kleinen Reiz gleich, ob der Teekessel pfeift, ob es an der Tür oder ob das Telefon klingelt: Er springt auf und rennt.

Das hindert ihn nicht, dem Partner vorzuwerfen, daß er die Ruhe selbst sei, statt sich auch einmal zu bewegen und um ihn zu bemühen. Im Grunde ist er aber mindestens selbst eine Ursache seiner Hektik: Er läßt es gar nicht so weit kommen. Eine Mischung aus Neugier, Gewohnheit und dem Bemühen, alles recht zu machen, und einem wesentlich „dünneren Fell" macht er alles schnell und am besten gleich selbst.

Heger und Feger

In meiner niedersächsischen Kindheitsheimat hieß es „Up en Häger kummt en Fäger", danach soll auf einen Heger, der sammelt, hegt und bewahrt, ein Feger kommen, der das Bewahrte durchbringt – auf einen Produzenten kommt ein Konsument, auf einen Sparer ein Ausgeber, oder wie immer man es nennen will. Diese Rollenverteilung ist einerseits durchaus sinnvoll; denn wenn beide sparen würden, wer sollte dann noch verbrauchen, und in welchem Stil und Standard würden beide leben? Auf der anderen Seite ist dieser Rollengegensatz verständlicherweise auch problematisch, weil jeder andere Lebensauffassungen hat, die – zum Beispiel in der Frage der Geldverwendung – unweigerlich aufeinanderprallen. Hier zeigt sich, daß anfänglich sinnvolle Gegensätze, die sich entsprechen, dann, wenn sie eskalieren, unweigerlich zum Konflikt führen müssen.

Sager und Nager

Dies gilt besonders für den Gegensatz zwischen einem, der sich leicht ausspricht und darum auch Konflikte schneller verarbeitet, und einem, der alles in sich hineinschluckt, im stillen daran

„nagt" und darum auch dazu neigt, übelzunehmen und nachzutragen.

Diese Bezeichnungen „Sager" und „Nager" sind abgeleitet aus einem Vers des ostpreußischen Dichters Simon Dach, der in seinem Lied „Der Mensch hat nichts so eigen" sagt:

Der kann sein Leid vergessen,
der es von Herzen sagt.
Der muß sich täglich fressen,
der insgeheim sich nagt.

Plastischer kann man wahrscheinlich die Selbstunterdrückung der Gefühle gar nicht bezeichnen. In Wahrheit ist der Nager ja nicht glücklich, weil er weder Freude noch Kummer mitteilt, seine Meinung für sich behält, sich nicht bestätigt und anerkannt fühlt. Vor allem anderen schluckt er nämlich seinen Ärger und seine Aggressionen hinunter. Statt sie los zu werden, wird er von ihnen aufgefressen, sie nagen buchstäblich an ihm und führen nicht selten zu Magen- und Gallenbeschwerden.

Aber auch der Sager ist in seiner Rolle nicht glücklich. Zwar erleichtert er sich häufiger, wird seine aufgestauten Aggressionen schnell los. Aber auch ihm fehlen die Resonanz und der partnerschaftliche Austausch. Er entwickelt sich zu einer eigenen Schallplatte, gewöhnt sich an Dauermonologe, auf die kein Echo folgt. Von Zeit zu Zeit wundert er sich, daß der andere plötzlich explodiert und seinen Gefühlen Luft macht.

Mit dem Stichwort „aussprechen" ist ein sehr wichtiges Signalwort gefallen. Man kann sogar sagen, daß die Aussprache – vielleicht neben der sexuellen Liebe und mit zunehmendem Alter sicher sogar noch vor ihr – die wichtigste kommunikative Tugend und Technik einer Paarbeziehung ist.

Austausch verlangt Zuhören

Meistens ist ja der gegenseitige Rollenkonflikt auch noch mit unterschwelligen Bevormundungs- oder Verweigerungsstrategien verbunden: ,,Hatte ich dich nicht ausdrücklich gebeten, das Geburtstagspäckchen für deine Mutter bei der Post vorbeizubringen, ehe du ins Büro fährst? Nun mußte ich deswegen doch extra aus dem Haus. Wo bist du eigentlich mit deinen Gedanken, wenn ich mit dir rede? Hörst du mir überhaupt zu?''

Dem anderen zuzuhören, scheint für manchen Ehepartner eine äußerst schwierige Aufgabe zu sein. Das Verwirrende ist oft: Der Angesprochene gibt durch seine scheinbar aufmerksame Haltung, seinen Blick oder sogar durch gemurmelte Äußerungen zu erkennen, daß er ,,zugehört'' hat, und erklärt damit sein Einverständnis zu den Forderungen, Wünschen und Bitten des anderen. Und trotzdem geschieht nichts, gar nichts. Kein Wunder, daß der andere enttäuscht ist. Hinterher angesprochen, gesteht der erste dann manchmal schuldbewußt, er habe nicht mehr daran gedacht, dies oder jenes zu tun, obwohl er sich natürlich noch gut daran erinnern könnte. Aber bisweilen kann er nicht einmal mehr das, obwohl er natürlich ,,zugehört'' hatte.

Schlechtes Zuhören gehört zu jenen ,,Kleinigkeiten'', die häufig als Auslöser für größere Krisen wirken. Wer schlecht zuhört, hat oft das Gefühl:

– Der andere verlangt zuviel von mir!
– Der andere mißbraucht mich für Erledigungen, die er selbst auch tun könnte!
– Der andere setzt seine Bedürfnisse rücksichtslos durch, und meine eigenen Wünsche kommen dabei zu kurz!

– Der andere kümmert sich um alles, redet in alles hinein, will alles bestimmen und läßt mir keinen Spielraum mehr, die Partnerschaft mitzugestalten!

In vielen Partnerschaften sind Reden und Zuhören tatsächlich sehr ungleich verteilt, worunter im Grunde beide leiden. Um zu vermeiden, daß der Partner ihn allzusehr mit seiner Aktivität bedrängt, stellt der weniger Aktive seine Ohren „auf Durchzug". Dieses Nichtzuhören stellt von seinem Standpunkt aus Notwehr dar und ist oft die einzige Möglichkeit, sich den Forderungen, Bitten, Hinweisen und Bedürfnissen des anderen zu entziehen. Das mag verständlich sein, provoziert aber auf die Dauer ernsthafte Krisen.

Besser ist es, sich gegen lästiges „Zuhören-Sollen" rechtzeitig zu wehren. Aber: Die Form, in der der Partner sich wehrt, muß immer offen und ehrlich und nicht hinhaltend und verschleiernd sein. In dem Augenblick, in dem einer Wünsche äußert, die der andere nicht erfüllen kann oder will, sollte er das deutlich sagen, zum Beispiel:

„Bitte bring das Päckchen ausnahmsweise selber zur Post, wenn es eilig ist. Ich bin heute sowieso schon zu spät dran. Wenn es Zeit hat bis morgen, nehme ich es dann gern mit."

Oder: „Du möchtest heute abend gern mit mir ins Kino gehen. Vielleicht werde ich dazu einfach zu müde sein, du weißt, gerade heute ist viel los im Betrieb. Aber laß uns, sobald ich nach Hause komme, noch einmal darüber sprechen."

So gewinnt der Partner auf jeden Fall das Gefühl, gehört worden zu sein, auch wenn er mit seinen Bitten und Wünschen nicht unbedingt durchgekommen ist. Ein klares Nein ist für die Beziehung weit besser als ein Vielleicht, das sich später doch als Nein herausstellt. Und Zuhören und Argumentieren sind besser als Weghören und Schweigen.

Wirkliche Kommunikation in einer Partnerschaft kann nur

gelingen, wenn beide deutlich ihre Wünsche, Gefühle und Bedürfnisse ausdrücken. Manche Menschen fürchten diese Direktheit, weil sie – meist unbewußt – meinen, damit anzuecken oder andere zu verletzen. Das Gegenteil ist der Fall: Sie verletzen den anderen gerade mit ihren indirekten und unklaren Aussagen, deren Folge dann halbherzige Anpassung ist.

Aufeinandertreffende Gegensätze können auch konfliktfrei ausgetragen werden, wo das Rollenspiel sich reibungslos entwickelt. Wer wenig Unternehmungsgeist hat, läßt sich oft gern vom aktiven Partner mitreißen und ist ihm dankbar dafür. Wer selbst nicht gern viel redet, ist oft dankbar für einen Partner, der die Umweltkontakte pflegt und Konversation macht. Wir alle kennen solche Ehen, und sie können sehr harmonisch sein. Es ist schwer zu sagen, ob der einzelne Partner dabei glücklich ist. Wahrscheinlich gehört zum Glück in der Ehe mehr als das Gefühl, die richtige Entsprechung gefunden zu haben. Ergänzung schließt noch nicht Verständnis ein. Und das Gefühl, zu verstehen und verstanden zu werden, stellt sich erst bei einer weitgehenden Gemeinsamkeit seelischer Strukturen ein.

Woher aber soll diese Gemeinsamkeit kommen? Durch andauernde Übung, durch den ständigen guten Willen zu freundlicher Angleichung läßt sich gerade hier viel erreichen. Das Glück, gleich zu empfinden, Gleiches möglichst zur gleichen Zeit zu erleben, gehört zu jener Verschmelzung von Ich und Du, die dem Liebesglück die Krönung gibt.

In einer Partnerschaft soll es sich mit der sprachlichen Kommunikation ähnlich verhalten wie mit der Flüssigkeit in den kommunizierenden Röhren: Beide haben einen ausgeglichenen Wasserspiegel. In der Partnerschaft führt ein einseitiger Redestrom zur Überhöhung des einen und zur Unterdrückung des anderen. Beide sind damit langfristig nicht glücklich.

Ganz wird sich diese Neigung allerdings kaum ausgleichen lassen. Dazu sind Temperamentseigenarten zu tief in der leibseelischen Grundstruktur des Menschen verwurzelt. Aber kleine bewußte Schritte führen doch eine Änderung herbei, und wie bei einer Weiche ist eine winzige Verschiebung im Ergebnis oft außerordentlich bedeutsam. Aus ,,Sager" und ,,Nager" werden im besten Falle ,,Wager", die es riskieren, sich auch einmal anders zu verhalten als bisher, ihre Worte auf die Waage zu legen und ihr Verhältnis auszuwägen und auszugleichen. Damit wird auch ihre gegenseitige Beziehung, werden auch ihre Stimmungen und Gefühle ausgewogener und ausgeglichener.

Das Zuhören ist ein wichtiges Aufmerksamkeitssignal. Wer zuhört, zeigt Interesse und ist für die Liebe aufgeschlossen.

Das einfühlsame „aktive Zuhören"

Wer richtig zuhören will, muß aber auch wissen, daß es, neben dem normalen, ein aktives Zuhören gibt. Es besagt: Man kann auch etwas hören, was der andere gar nicht gesagt hat. Sie sind zum Beispiel überarbeitet und möchten, daß der Partner hilft. Aber Sie sagen nicht: „Ich habe heute soviel zu tun. Könntest du mir beim Abwasch helfen?" Sie lassen statt dessen nur die Tür zur Küche offen und klappern ein wenig lauter. Ihr Mann, der im Wohnzimmer Zeitung liest, hört den heimlichen Wunsch nicht heraus, sondern betrachtet den Lärm als Störung und schließt die Tür. Sie „schnappen ein" und sind sauer. Er hat die Mitteilung nicht verstanden. Die erste unausgesprochene Bitte blieb unerfüllt. Statt dessen hat er Sie ausgeschlossen und bei der Küchenarbeit eingesperrt. So erleben Sie nun die doppelte Enttäuschung, daß er Sie mißversteht und Ihnen nicht hilft.

Er seinerseits hat vielleicht im Wohnzimmer gewartet, ungeduldig, weil Sie so lange nicht kommen. Statt nun freudig auf ihn zuzugehen, tragen Sie einen Flunsch und gehen an ihm vorbei zur Fernsehzeitschrift, um zu sehen, was es im Programm gibt. Wenn er dann auch noch sagt: „Was hast du denn die ganze Zeit gemacht?" sind Sie tief gekränkt. Erst läßt er Sie allein arbeiten, und dann stellt er diese Arbeit auch noch in Frage und macht sie schlecht. Dabei hat er derartiges gar nicht gesagt, sondern war ganz einfach neugierig, warum Sie so lange nicht kamen. Nun fehlt nur noch eine Kleinigkeit, etwa, daß beide unterschiedliche Wünsche für die Abendgestaltung haben, und schon kann der beste Streit in Gang sein.

Aber Sie können den anderen selbst auch mißverstehen. Der Mann kommt vielleicht erschöpft nach Hause und sagt: „Ich habe solche Kopfschmerzen." Sie machen ganz leise hinter ihm die Wohnzimmertür zu, und er ist gekränkt. Sie waren es von daheim so gewohnt, daß Ihr Vater in Ruhe gelassen werden wollte, wenn es ihm nicht gut ging, er aber möchte verhätschelt und betreut werden, möchte Aufmerksamkeit und Liebe spüren.

So also kann man sich mißverstehen, wenn man nicht aktiv, das heißt, mit einfühlender Phantasie zuhört. Natürlich kann man sich auch deutlich ausdrücken und zum Beispiel sagen:

„Ich habe heute soviel zu tun gehabt, könntest du mir beim Abwasch helfen?"

Oder: „Ich bin auch ganz fertig, laß mich noch eine halbe Stunde sitzen und ausruhen und setz dich zu mir."

Es ist wichtig, genau zu sagen, was man meint und noch wichtiger, genau hinzuhören, was der andere gesagt hat und was er wirklich damit sagen wollte. So werden Mißverständnisse und Streit am besten vermieden.

Die ausgedrückte Beziehung zwischen zwei Partnern, also das, was man Kommunikation nennt, findet nicht nur in Worten und Berührungen, sondern auch auf dem Weg über andere Signale statt. Man erwartet von ihnen, daß der Partner sie versteht und richtig beantwortet.

Die tiefere Ursache ist ein falsches Signalverständnis. Sie hatte durch das Klappern bei offener Tür die Hoffnung ausdrücken wollen: Ob er wohl kommt und mir hilft? Bei ihm war dieses Signal nicht angekommen, und er hatte das Klappern nur als Störung empfunden und entsprechend reagiert.

Um die Störung auszuschalten, und nichts weiter, hatte er die Tür geschlossen. Dies wiederum war bei ihr als Signal der Ausschließung und Abwertung verstanden worden: Er macht die Tür hinter mir zu, er grenzt sich von mir ab und weist mir die Küchenarbeit zu, während er im Wohnzimmer die Zeitung liest.

In diesem Fall hätten ein paar einfache Worte, eine kurze Frage die Katastrophe verhindern können: „Würdest du so lieb sein, mir beim Abwasch zu helfen?" Sicher hätte er nicht nein gesagt, und beide hätten einträchtig die unangenehme Pflicht erledigt, um es sich dann ebenso einträchtig im Wohnzimmer schön zu machen.

Nur durch das Mißverständnis, allerdings wohl vor dem Hintergrund vorhandener Empfindlichkeiten und Minderwertigkeitsgefühle, war nun der ganze Abend verdorben.

Daraus läßt sich die Lehre ziehen, daß drei Worte zuviel besser als ein Wort zuwenig sind, und daß Deutlichkeit die Mutter der Kommunikation ist. Trotzdem kommen wir nicht immer ohne nichtsprachliche Signale, also ohne nonverbale Kommunikation aus. Blicke und Gesten gehören dazu, zum Beispiel das Öffnen einer Autotür, das Vorrücken eines Stuhles, den man dem anderen anbietet, der Platz, an dem dieser Stuhl steht oder der, den man selbst beansprucht, wie man sich zu ihm stellt oder setzt und vieles andere mehr.

Es gibt sozusagen eine allgemeinverständliche Grammatik dieser körpersprachlichen Signale. In einer sehr engen und intimen Beziehung gibt es darüber hinaus aber noch individuelle Besonderheiten, zum Beispiel, was ein bestimmter Klang in der Stimme, ein auf einmalige Weise zugeworfener oder gerade gesenkter Blick bedeutet. Wichtig ist, daß beide sich darin auskennen und auf die persönliche Gefühlsgrammatik des anderen reagieren und antworten.

Wenn Sie sich immer dagegen sträuben, vielleicht, weil Ihnen ein bestimmter Ton nicht gefällt, gibt es zwei Möglichkeiten: Entweder der andere läßt davon ab, oder Konfliktsituationen wiederholen sich. Man hat es selbst weitgehend in der Hand, wie weit diese Sprache und die damit mögliche Verständigung vorangetrieben wird.

Sprache kann allerdings außer einem Mittel der Verständigung auch eines der Tarnung und der Auseinanderentwicklung sein. Man kann mit Sprache und damit auch mit Signalen etwas vortäuschen, übertönen und überbetonen, kann bluffen, ablenken und verhüllen. Aber auch dies drückt sich wieder in einer bestimmten Signalsprache aus: Das eine Signal (zum Beispiel das Erröten) verrät, daß das andere Signal nicht ganz echt ist. Also muß man auch hier in die Sprache hinter der Sprache eindringen, wenn man alle Signale richtig auffangen will. Dazu gehört mehr als eine Funkerausbildung.

Dazu gehört der sensible, einfühlende Umgang während eines ganzen Lebens. Aber es lohnt sich, dieses interessante Gebiet in einer Partnerbeziehung zu erkunden und miteinander zu erproben. Am schönsten, wenn man sich auch dabei austauschen und verständigen kann – mit Worten oder mit Signalen.

Und was ist, wenn ein Paar sich gar nichts mehr zu sagen hat? Niemand zählt die Worte, die in einer Ehe täglich gesprochen werden. Nun kann Schweigen erfüllt und liebevoll sein. Ständiges Sich-Anschweigen hat aber auf die Dauer etwas Unmenschliches und Herzloses. Befragungen haben ergeben, daß die meisten Eheleute nach fünf Jahren noch mehr als zwanzig Minuten täglich miteinander sprechen, nach zehn Jahren sind es meist weniger als zehn Minuten am Tag.

Erich Kästner sprach einmal davon, daß es auch eine Einsamkeit zu zweit gibt:

Einsam bist du sehr alleine.
Aus der Wanduhr tropft die Zeit.
Stehst am Fenster. Starrst auf Steine.
Träumst von Liebe. Glaubst an keine.
Kennst das Leben. Weißt Bescheid.
Einsam bist du sehr alleine –
und am schlimmsten ist die Einsamkeit zu zweit.

Dafür ist der Mensch nicht geschaffen, darunter leidet er. Wir alle sind auf Austausch angewiesen. Viele müssen die einfachsten Regeln der Kommunikation wieder lernen, müssen neu anfangen, sich auszudrücken. Dabei können folgende Regeln helfen:

- Einfach einmal mit Worten, im Selbstgespräch, begleiten, was man tut. So nimmt der Partner daran ein wenig Anteil.
- Wichtig ist auszusprechen, was man fühlt und denkt. So kann der andere sich in einen hineinversetzen.
- Bei aller Zurückhaltung sollte man den Partner auch nach seinen Gefühlen, Gedanken und Wünschen fragen.
- Die Gespräche sollten nicht nur die bekannten Pellkartoffel-, Bratkartoffel-, Spiegel- oder Rühreientscheidungen beinhalten, sondern die wirklichen und wichtigeren Gedanken, zum Beispiel Auffassungen über Politik, Erziehung, Partnerschaft, Freunde, Freizeit.
- Je mehr Bereiche in diesen Austausch einbezogen werden, um so lebendiger wird die Beziehung wieder.
- Oft gibt es nicht genug zu sagen, weil nicht genug Gemeinsames erlebt wird. Dann heißt es: ausgehen, reisen, Kino, Theater besuchen, Gäste einladen. Das bringt Themen für Gespräche.
- Auch Liebe muß nicht stumm sein. Man kann dabei (und darüber) reden. Wenn eine Hemmschwelle mutig überwunden wurde, wirkt das befreiend und festigt die Beziehung.

Streit kann und muß sein – aber wie?

Man kann Meinungs- und Stimmungsdifferenzen auf sehr verschiedene Weise austragen. Ein wirklicher Streit kann positiv sein und der Beziehung nützen. Ehe wir ihn behandeln, werfen wir einen Blick auf die destruktiven und unergiebigen Streitereien. Sie zeichnen sich schon dadurch aus, daß sich die Stimme hebt gleich einer Feuersirene, daß Türen zugeschlagen oder Kaffeetassen geworfen werden.

Streitereien und Schimpfereien sind typisch für sensible und verletzbare Menschen mit schwachem Selbstwertgefühl, aber starkem Auftreten. Sie sind emotional nicht im Gleichgewicht, verfügen weder über besondere Distanz zu sich selbst noch zum anderen. Sie haben Angst vor Niederlagen und versuchen durch Lautstärke und Affektausbrüche von vornherein in die Siegerposition zu kommen. Insofern haben ihre Ausbrüche auch etwas, das vorbeugen und abschrecken soll.

Durch das Schimpfen laufen selbstunsichere Menschen einer sachlichen Auseinandersetzung davon, weil ihnen vielleicht die Worte, die guten Argumente fehlen oder weil sie sich in einer Diskussion dem Partner argumentativ oder sprachlich nicht gewachsen fühlen. Was läßt sich dagegen tun, und wie können Sie daran arbeiten?

Der Partner muß das Gefühl bekommen, daß Sie an ihn glauben und daß Sie ihn ernst und wichtig nehmen, ohne daß er es durch lautes Schimpfen beweisen muß. Überprüfen Sie, ob Sie den anderen wirklich ernst und wichtig nehmen, oder ob Sie ihn durch Ihre eigenen unbeweglichen Standpunkte aus der Fassung bringen. Fühlt er sich durch Sie eventuell in eine Sackgasse getrieben, indem Sie ihn durch Vorurteile fertig machen wollen?

Wenn der andere wieder in die „Luft gehen" will, bleiben Sie unbedingt ruhig und sachlich, aber nicht „drüberstehend arrogant" nach dem Motto: „Dich laß ich erst einmal austoben", sondern: Sagen Sie ihm: „Ich will *dir* doch gar nicht an den Kragen, sondern wir beide wollen uns gemeinsam hinsetzen und eine gute Lösung für uns finden." Vermitteln Sie dem Partner, daß seine Überlegungen ein genauso wichtiger Beitrag sind wie die Ihren auch.

Ihre Devise sollte heißen: entschärfen und nicht provozieren, weil sich dadurch Ängste beim anderen schneller abbauen lassen, vor allem die Angst, zu verlieren. Geben Sie dem Partner zu verstehen, daß er mit seiner Brüllerei nicht weiterkommt, sondern nur dann ein ernster Gesprächspartner sein kann, wenn er sich Zeit nimmt und seine Standpunkte zur Diskussion stellt.

Derjenige, der „schnell in die Luft zu gehen droht", sollte sich einmal folgende Gedanken machen:

- Bei welcher Situation fahren Sie eigentlich aus der Haut, gehen in die Luft, fangen an, herumzuschimpfen?
- Versuchen Sie, Ihren Ärger einmal genau zu formulieren – das macht man am besten schriftlich, indem Sie alles niederschreiben, was Ihnen dazu einfällt.

Die schriftliche Auseinandersetzung verschafft die nötige Distanz zu sich selbst, die man unbedingt braucht, um sich ein objektives Bild von seinem Ärger zu machen. Beim Durchlesen des Niedergeschriebenen stellt man vielleicht fest, daß die heftige Reaktion unbegründet war und daß man viel mehr in die ganze Sache hineingelegt hat, als es den wirklichen Tatsachen entsprach.

Eine weitere gute Möglichkeit wäre es, dem anderen einen Brief zu schreiben. Gerade beim Schreiben kommen gute Gedanken, weil man Zeit hat und nicht sofort auf Angriffe reagieren muß, wie beispielsweise in einer Diskussion.

Versuchen Sie, sich von Ihren negativen Gedanken zu befreien, der andere wolle Ihnen persönlich „an den Kragen". Das Gegenteil ist der Fall: Er sucht durch seine Reaktion Ihren Kontakt, die Auseinandersetzung mit Ihnen. Ein Streit ist ein Zeichen dafür, daß Ihre Gedanken ihn in irgendeiner Form erreicht und angesprochen haben, sonst würde er ja gar nicht reagieren.

Wer vom anderen immer recht bekommt, kann davon ausgehen, nicht ganz ernst genommen zu werden, nach dem Motto: „Ich gebe dir deinen Willen, wie man einem Baby einen Schnuller in den Mund schiebt, damit es endlich ruhig ist und aufhört zu schreien."

Durch Schimpferei und destruktive Streiterei verhindert man jede Möglichkeit zu einer Diskussion und zum positiven, konstruktiven Streiten.

Was ist nun kennzeichnend für einen konstruktiven Streit, der jeder Partnerbeziehung nur empfohlen werden kann, weil er ihr dient und die Kommunikation im Grunde fördert:

- Konstruktiver Streit pauschaliert und verallgemeinert nicht. Er dreht sich um einen konkreten Gegenstand, zum Beispiel darum, ob man am Sonntag einen Ausflug macht oder zu Hause bleibt, ob man die eine oder andere Sendung im Fernsehen gemeinsam anschaut, ob man gemeinsam oder getrennt in Urlaub fährt und so weiter.
- Konstruktiv streiten heißt offen und nicht verdeckt argumentieren, direkt und nicht indirekt, von hinten herum angreifen. Man sagt also seine Meinung, äußert seine Wünsche, auch die damit verbundenen Gefühle und nennt die Gründe, die man hat, ohne sie absolut zu setzen und dem anderen aufzwingen zu wollen. Vor allem wirft man es ihm nicht vor, wenn er eine andere Meinung und andere Wünsche hat als die eigenen.

- Positiver Streit verletzt nicht, ist nicht persönlich, setzt den anderen nicht herab, sondern trennt Person und Sache. Es geht nur um die Lösung eines strittigen Problems. Die Meinung des anderen ist gleichberechtigt und genauso wichtig wie die eigene. Indem man dies anerkennt, verbessert man im übrigen die Chancen einer Annäherung, zu der sich ja beide Seiten bewegen müssen, wenn der Konflikt überbrückt werden soll.
- Man verzichtet von vornherein darauf, Sieger zu sein und den anderen zu überfahren. Dies schließt nicht aus, daß die eigenen Argumente und der Nachdruck, mit dem man sie vorbringt, den anderen überzeugen. Der Partner muß Freiraum haben, seine Ansichten zu äußern und sie eventuell zu überprüfen – wie man umgekehrt auch die eigenen überprüft. Ferner fragt man sich zwischendurch, ob man noch sachlich ist und bei der Sache bleibt.
- Konstruktiver Streit ist an der Zukunft und an einem positiven Resultat interessiert. Er vermeidet unbedingt die Gefahr, in die Vergangenheit zurückzugehen, auf frühere Konflikte oder auf typische Familienprägungen zu rekurrieren. Er unterstellt auch dem anderen die beste Absicht und die Bereitschaft, eine positive Lösung zu finden. Dazu darf er keinesfalls auf negative Vorgänge fixiert oder an die eigene Vergangenheit gefesselt werden.
- Es ist ergiebiger, in der Ichform von sich selbst und den eigenen Standpunkten zu reden, als die Meinungen des anderen zu qualifizieren und damit allzu leicht abzuwerten. Ich-Mitteilungen sind meistens für den anderen akzeptabler als Du-Mitteilungen. Der Partner will, daß man sich in seinen Äußerungen zeigt, aber nicht, daß man ihn interpretiert und dadurch eventuell manipuliert.
- Streit sollte nicht erregt und affektiv sein. Wenn er das zu werden droht, wird er am besten unterbrochen und eine neue

Zeit, eventuell auch ein geeigneterer Ort (zum Beispiel auch außerhalb bei einer Tasse Kaffee oder einem Gläschen Wein) vereinbart, um bessere Voraussetzungen für eine gefühlsmäßige Gemeinsamkeit zu schaffen, die die sachliche Differenz leichter ertragen läßt.
— Eventuell zurückbleibende Entfremdungen oder gar Verletzungen lassen sich durch einen versöhnlichen Ausdruck, einen Kuß, eine Umarmung, ein Lächeln, ausräumen. Konflikte und Streit sollten möglichst am gleichen Tag beendet und bestehende Differenzen gelöst und ausgeräumt sein.
— Im Bewußtsein beider muß die gefundene Lösung, die Einigung, eventuell der Kompromiß haften bleiben, aber nicht die Differenz und der Streit selbst.

Die Lösungen können sachlich natürlich sehr verschieden aussehen. Nehmen wir an, es geht um das verbreitete Problem zwischen einem Tagtyp und einem Nachttyp, also um den Streit über den Zeitpunkt des Schlafengehens. Wenn einseitig auf eine Lösung gedrängt wird, der der andere sich anschließen soll, sind künftige Streitereien vorprogrammiert. Entweder der Gedrängte stimmt einem faulen Kompromiß zu oder er mauert. Beide müssen die Lösung wünschen, dann werden sie leicht zu einer beiden gerecht werdenden Abmachung kommen können. Ein paar Vorschläge zur Lösung dieses Problems wären zum Beispiel: Dreimal in der Woche getrennt schlafen (sofern möglich), die restlichen Tage gemeinsam. Man geht ein paar Tage früh und ein paar Tage spät ins Bett. Man geht zunächst gemeinsam ins Bett und trennt sich nach einer Weile zärtlicher Gemeinsamkeit wieder. Man vereinbart überhaupt getrennte Schlafzimmer.

Ein anderer Konflikt, der mit diesem häufig zusammenhängt, ist das abendliche Lesen. Der eine braucht für sein Wohlbefinden unbedingt noch ein paar Seiten Lektüre, ehe er einschläft. Der andere legt sich ins Bett, würde am liebsten sofort das Licht löschen und in kurzer Zeit tief und fest schlafen. Aber die Leselust des Partners hindert ihn daran. Ihn stört das Licht und das Geknister beim Umblättern. Es ist nicht zweckmäßig, dieses Sich-gestört-Fühlen aus Liebe oder Rücksicht zum Partner zu unterdrücken. Unterdrückte Gefühle – gerade solche des Unmuts – suchen sich dann an anderer Stelle ein Ventil.

Auch in diesem Fall hilft nur, dem Konflikt ins Auge zu sehen, die Unterschiede festzustellen, zu bejahen und dann zu versuchen, zu einer Lösung durch klare Vereinbarungen zu gelangen. Zum Beispiel: Entweder bleibt der lesefreudige Partner noch eine Weile allein im Wohnzimmer zurück, während der andere schon ins Bett geht, oder man verständigt sich auf abgedunkeltes Licht und höchstens ein Buch, aber keine geräuschstarke Zeitung.

Man einigt sich, daß der Leselustige laut liest und den anderen damit in süßen Schlummer wiegt, oder man entscheidet sich auch hier für getrennte Schlafzimmer. Eine klare Trennung ist immer besser als ein unklares Miteinander.

Die Konfliktlösung muß nicht in jedem Fall auf einen Kompromiß hinauslaufen. Klar herausgearbeitete Unterschiede, wobei Grenzen gesehen und respektiert werden, führen zu besseren Paarbeziehungen als verwischte.

Die Einigung kann in jedem Fall darin bestehen, daß sich der eine Partner dem anderen anschließt, daß man eine mittlere Lösung findet, daß man wechselt oder eine ganz andere, bisher nicht bedachte Lösung wählt. Bei dem verbreiteten Streit um Urlaubsziele könnte es statt der Mitte zwischen Nordsee und Alpen – also etwa ein See in einem Mittelgebirge – natürlich auch der Wechsel zwischen beiden Reisezielen oder die Trennung oder etwas ganz Neues sein, zum Beispiel eine Reise mit der Transsibirischen Eisenbahn. Nur zu Lähmungslösungen darf diese Strategie nicht führen. Den Urlaub auf dem Balkon zu verbringen, weil jeder den Wunsch des anderen blockieren möchte, wäre ein sehr destruktives Ergebnis.

Unsere Unvollkommenheit
macht Frieden möglich

Wahrscheinlich peitscht und entzweit die Menschen nichts mehr als ihr Drang nach Perfektion. Wir möchten hundertprozentige Lösungen, absolute Liebe, dauerndes Glück und permanente Konfliktfreiheit.

Dies alles gibt es nicht. Die beste der möglichen Lösungen liegt darin, immer neue Kämpfe und Konflikte positiv auszutragen und darin eine stets erneuerte Gemeinsamkeit zu finden. Dies ist zwischen dem ersehnten Maximum und dem befürchteten Minimum wahrscheinlich das Optimum menschlicher Beziehung überhaupt.

Mögen beim Kennenlernen die Illusion, die Hoffnung auf die große Liebe und das lebenslange erfüllende Glück beherrschend sein — wenn eine Partnerschaft sich bewähren soll, muß die Illusion abblättern und der Wahn perfekter Ideallösungen aufgegeben werden. Mit Recht sagt Robert Ardrey: ,,Wir streben nach dem Unerreichbaren und verhindern so die Verwirklichung des Möglichen." Auch in der Geschichte haben die Idealismen und Ideologien mehr Unheil angerichtet als die Bereitschaft zu erträglichen Kompromissen, die immer wieder Frieden zu stiften vermochten und auch heute immer wieder Frieden stiften müssen. Nicht anders ist es in der Paarbeziehung.

Nehmen wir als Beispiel das heute besonders verbreitete Schönheitsideal: Die Einzelkinder- und Singlegesellschaft neigt zu einer narzißtischen Verkultung der Schönheit, die sich auch in der Partnerschaft und ihren lebensfremden Idealen niederschlägt. Nehmen wir als Beispiel Ina und ihre Ehe. Wir beobachten sie im Schlafzimmer: Wieder und wieder dreht sie sich vor dem großen Spiegel. Dick hatte ihr Mann sie genannt, sie soll mehr auf ihre Figur achten. Schließlich habe er vor zehn Jahren eine Gazelle geheiratet und nicht eine Milchkuh. Unverschämt fand sie diese Übertreibung. Aber sie hat die Wirkung auf sie offenbar nicht verfehlt.

Ihr schmeckte das Essen nicht mehr, die Stimmung zwischen den beiden war auch nachhaltig verdorben: Sie sprach kein Wort mehr mit Herbert.

Natürlich hatte er irgendwie recht. Als sie sich kennenlernten, konnte er mit seinen beiden großen Händen fast ihre Taille umspannen. Heute sah man kaum noch einen Einschnitt, wo einmal diese wespenhafte Kerbe gewesen war. Aber hatte er sich etwa nicht verbreitert? Bei Männern nennt man so etwas stattlich, bei Frauen dick. Sie fand das ungerecht und war wütend. Die Ehe hatte einen ernsthaften Knacks bekommen.

In vielen Ehen spielen ideale Erwartungen an den Partner eine beherrschende und nicht selten zerstörende Rolle. Bei der Partnerwahl ist man nach einem bestimmten Ideal vorgegangen: blond soll sie sein, schmalhüftig und ebenmäßig schön. Er ist in ihren Vorstellungen sportlich, braungebrannt, dynamisch und muskulös. (Natürlich kann es auch jede andere Idealmischung sein.) Aber jedes Ideal, vor allem ein äußeres, hat es nun einmal an sich, daß es von der Wirklichkeit nicht erfüllt wird oder mit den Jahren aus den Fugen gerät. Wenn es jetzt in unserer Vorstellung und unseren Wünschen immer noch eine beherrschende Rolle spielt, treibt die Entwicklung unweigerlich auf die Entscheidung zu: Was ist mir wichtiger – der andere, wie er ist, oder meine ideale Wunschvorstellung von ihm?

Die meisten Menschen bringen es fertig, sich im Laufe der Zeit mit der Realität zu versöhnen und den anderen zu lieben, wie er ist. Das schließt nicht aus, daß man ihn nicht auch einmal mahnt, an seine Figur zu denken. Meistens verkraftet der Partner einen kleinen Nasenstüber dieser Art oder auch eine konsequente Führung, was den Speiseplan angeht, ganz gut. Wenn aber die Erinnerung an das verlorene Ideal nur mit nörgelnder Kritik und heftigen Vorwürfen verbunden ist, kann man es bald nicht mehr hören, und dann nimmt die Beziehung Schaden.

Wenn also einer der Partner sich im Grunde für sein Ideal und gegen die Realität des anderen entschieden hat und dieses Ideal nicht aufgeben will, dann ist höchste Alarmstufe angesagt. Im Grunde ist dies eine beziehungsfeindliche Einstellung, eine andere Form von Egoismus. Wie läßt sich damit leben oder was läßt sich dagegen tun?

Natürlich kann der kritisierte Partner hartnäckig überhören, was der andere ihm sagt. Auf die Dauer wird es ihn aber doch verletzen und demütigen. Und wenn man nun ewig dem Ideal nicht entspricht, wird sich der Partner womöglich nach einem anderen umschauen, wird innerlich ,,kündigen", aus der Beziehung aussteigen und vielleicht auch eines Tages die äußere Trennung herbeiführen. Um dies zu verhindern, sollte ein Paar

- ganz offen aussprechen, was beide Seiten in diesem Konflikt empfinden: der eine seine Enttäuschung, der andere seine Überforderung.
- Beide müssen zu Annäherung und Kompromissen kommen: Der Übergewichtige erklärt sich bereit, abzunehmen und arbeitet auch daran. Der Partner verzichtet so lange auf jede Kritik und Demütigung.
- Der Partner mit den hohen Idealen fragt sich selbst einmal, ob er denn auch ideal ist und ideale Erwartungen des anderen erfüllen könnte. Dies wird nur selten der Fall sein. Hohe Vorzüge auf der einen sind meistens mit erheblichen Nachteilen auf der anderen Seite verknüpft. Wir sind alle nur unvollkommene Menschen.
- Das Eingeständnis der Unvollkommenheit ist eine große Hilfe für mehr Toleranz und für die Bereitschaft, auch die Schwä-

chen des anderen zu akzeptieren und vielleicht eines Tages zu lieben.
- Wir alle sind als schwache Menschen auf Anerkennung und Liebe angewiesen. Wirkliche Liebe verlangt keine Idealmenschen, sondern nimmt sie, wie sie sind, liebt auch die Unzulänglichkeiten und Macken, die oft einen Menschen gerade erst liebenswert machen. Dies setzt aber eine allmähliche Einstellungsänderung voraus.
- Verlorene Ideale schmerzen, aber gewonnene Liebe kann vielfach dafür entschädigen. Besser, die Partnerschaft wird gerettet als das Ideal.

Jede Beziehung erreicht früher oder später den Punkt, an dem das Ideal vom Partner zerbricht. Dies kann allmählich geschehen, dadurch, daß die ,,Kratzer im Lack" zunehmen: Man merkt, der andere ist auch nur ein Mensch und ,,kocht auch nur mit Wasser". Man ertappt ihn bei kleinen Schwindeleien, Unzuverlässigkeiten, Unarten. Aber auch durch eine massive Enttäuschung wird das Ideal zerstört. Diese muß nicht im Seitensprung bestehen, sondern vielleicht in einer unverantwortlichen Geldausgabe oder darin, daß einer der Partner versucht hat, den anderen bei den Kindern oder bei Freunden schlechtzumachen. Die Idealität der Beziehung geht irgendwann in die Realität über, und diese ist selten rosig.

Partnerschaft und eben auch die Ehe heißen Alltag, Arbeit, aneinander reiben oder auch nur aneinander vorbeigehen. Eben dies sind die gefährlichen und schleichenden Auflösungsprozesse, denen dringend Einhalt zu gebieten ist, damit die Partnerschaft nicht zerbricht.

Wie geschieht das? Zusammengefaßt: am besten durch offene, lückenlose, liebevolle und ständige Kommunikation. Dies bedeutet im einzelnen:

- Wir müssen uns täglich austauschen und sofort offen aussprechen, wenn etwas zwischen uns steht.
- Wir müssen vor allem das an positiven Gefühlen äußern, was noch vorhanden ist: Anerkennung, Wertschätzung, Bestätigung braucht jeder von uns, am meisten von dem Menschen, der uns am nächsten steht.
- Auch wenn wir Kritik oder Enttäuschung zeigen, müssen wir gleichzeitig die positive Wertschätzung unterstreichen, ja besonders betonen.
- Wenn wirklich Achtung und Vertrauen an einer entscheidenden Stelle gebrochen sind, müssen beide alles tun, sie wieder herzustellen. Wenn es unverzichtbare Voraussetzungen einer guten Beziehung gibt, dann sind es nicht Verliebtheit und Leidenschaft, sondern menschliche Achtung und Vertrauen in die Zuverlässigkeit des Partners.
- Wer sie gebrochen hat, muß Einsicht zeigen, überzeugend Besserung versprechen und erkennbar damit beginnen. Eine längere Vertrauenskrise sät Zweifel und Mißtrauen, und die zerstören eine Ehe wie jede andere Partnerschaft auch.
- Erst wenn sich ein derartiges Fehlverhalten einschleift oder ständig wiederholt, muß es für die Beziehung tödlich sein. Eine Krise kann heilsam wirken. Erschütterung kann zur Besinnung und zum Neuanfang führen.

Friede schließt Gewalt aus

Im Grenzfall kann der Kampf der Geschlechter, können Ehe- und Partnerkriege sich auch gewaltsam austoben. Die Wurzel der Gewalt ist in der Regel auch hier das nicht erfüllte Ideal, das jeder vor Augen hat und das ihm vermeintlich recht gibt.

Aber im wesentlichen liegt die Furchtbarkeit der Gewalt nicht in ihren Ursachen, sondern in ihren Mitteln, Methoden und schrecklichen Konsequenzen. Erstaunlicherweise ist die Gemeinschaft, die auf Intimität und Nähe angelegt ist, für die Gewalt besonders anfällig. In der Nähe sehen beide den ,,Himmel auf Erden'', und so richten sie liebevoll ihre Wohnung ein. Aber die gleiche Nähe ist es, die manchmal schon nach Monaten und oft nach Jahren das Heim in eine ,,Hölle in Plüsch'' verwandelt.

Wie konnte aus diesem gemeinsamen Himmelsraum die Hölle werden? In früheren Jahrhunderten stellten die Menschen sich die Hölle als grausames, strafendes Flammenmeer vor – die moderne Literatur hält da ganz andere Bilder bereit, Bilder aus unserem täglichen Leben.

Dazu gehören nicht zuletzt lähmende Langeweile in perfekt durchgestylter Umgebung, sich wiederholende Floskeln, mit immer denselben Menschen ausgetauscht, sich wiederholende Tätigkeiten, kurz: erstickende Routine.

So wird die Partnerschaft zur Kette, die sie an den immer gleichen Vollzug schmiedet, und der Partner soll es auf keinen Fall besser haben. Die täglichen Lieblosigkeiten nehmen zu. Die Partner leben wie Fische im Aquarium – üben sich in der Kunst des Schweigens.

Sie kauft ihm ,,aus Versehen'' wieder die falsche Zahnpasta

(zum dritten Mal in diesem Jahr), er geht mit ihr zum Ball – aber er tanzt nicht.

So hält man Abstand und den anderen in Schach. Man entwertet ihn, bis man ihn nicht mehr lieben kann, man will sich nicht unterdrücken lassen und sinnt auf Unterdrückung. Die Beziehung wird zum Fesselballon, bereit, sich loszureißen – aber unfähig, den Raum zu verlassen.

Durch räumliche Nähe steigert sich der Aggressionstrieb, vor allem, wenn er nach außen nicht entladen werden kann. Er sucht nach Gelegenheiten, sich abzureagieren. Die kleinsten Anlässe genügen dann, um Vorwürfe, Schuldzuweisungen und Gardinenpredigten zu provozieren.

Mehr als die Hälfte der Ehen lebt in mehr oder weniger unerfreulichen Zuständen dieser oder ähnlicher Art. Die Zahl der Scheidungen ist nur die Spitze des Eisbergs, die für alle sichtbar wird: Ein Ende mit Schrecken erscheint vielen menschlicher als ein Schrecken ohne Ende. Der Publizist Sebastian Haffner nennt die Ehe einmal nächst dem Krieg die wichtigste Unglücksursache der Menschheit. An ihrem Sinn wird gezweifelt, an ihren Gitterstäben gerüttelt, ehe die Zerrüttung wirklich eingestanden wird.

Was könnte helfen? Zunächst einmal rückhaltlose Offenheit. Beide müssen sich – und eventuell einem Dritten – eingestehen, daß sie so nicht glücklich sind. Beide brauchen nicht zu sagen, daß sie aber gerne glücklich wären, denn wer möchte das nicht sein?

Folgende Strategien können da helfen:

– Paare, die sich nur noch terrorisieren, sollten sich eingestehen, daß sie mit ihrem Latein am Ende sind.
– Wenn die Erwartungen auf den Nullpunkt zurückgeführt werden, sind sie wenigstens nicht mehr zu enttäuschen.
– Es gilt, alles zu vermeiden, was den anderen reizen und quä-

len kann. Ein Mindestmaß an persönlicher Freiheit und Achtung vor seinem Dasein sollte man ihm gewähren können.
- Erst auf dieser Grundlage lassen sich winzige Keime von Achtung und Vertrauen neu entwickeln, kleinste Gesten von Dankbarkeit und Liebe wagen.
- Es zeigt sich erstaunlicherweise, daß auch die winzigsten positiven Tatsachen eine vielfältig höhere subjektive Bedeutung haben und in der Regel dankbar aufgegriffen werden.
- Das Gute zu versuchen und das Böse zu lassen ist das einzige, was eine zerrüttete Gemeinschaft allmählich gesunden lassen kann, natürlich nur, wenn beide es wollen.

Mit einem Lustschloß und einem ,,lieblichen Garten" hat Martin Luther die Ehe verglichen. Immer noch ist sie für die meisten Menschen Traum und Inbegriff höchsten persönlichen Glücks.

Niemand denkt daran, daß sie auch das Gegenteil sein kann: eine Zwangsanstalt, ja, eine Folterkammer. Erschütternd ist die wachsende Zahl der Fälle, in denen sich Ehepartner jahrelang demütigen, quälen, körperlich und seelisch zugrunde richten. Zweihundert Frauenhäuser bieten geschundenen Frauen Zuflucht. Etwa vier Millionen Frauen werden im Jahr von ihren Männern mißhandelt!

Heute heiraten junge Menschen in der Regel mit Anfang Zwanzig und werden im Durchschnitt über siebzig Jahre alt: Also müßten die meisten glücklich ihre goldene Hochzeit feiern können. Weit gefehlt! Etwa jedes zweite Paar gerät in Krisen, viele entwickeln Aggressivität. Aber Opfer sind nicht immer nur die Frauen. Körperlich sind sie zwar das schwächere Geschlecht, häufig verstehen sie jedoch andere Formen von Gewalt: Sie reizen, sticheln, spötteln. Männer, die sich hilflos fühlen, reagieren darauf oft mit Schlägen.

Nicht selten schlagen auch Frauen zu. Neuere Befragungen

ergeben, daß etwa eine Million Frauen gegen ihre Männer tätlich vorgehen. Man erfährt nur weniger darüber, weil die Männer es selten zugeben. In einer Straßenbefragung gaben viele Frauen zu, ihren Mann schon einmal geschlagen zu haben.

Warum tun sie das? Diese Frauen haben häufig Männer, die ständig ausweichen, sich nie stellen und denen die Frauen auf diese Weise mit einem letzten verzweifelten Versuch deutlich machen wollen, daß sie sich eigentlich einen stärkeren Partner wünschen. Auch Männer, die sich ständig sexuell verweigern, werden malträtiert, wie das umgekehrt bei Frauen schon bekannt war. Offenbar rutscht Frauen die Hand zum sogenannten Kontakterzwingungsschlag aus, mit dem sie den Partner zur Besinnung rufen wollen: ,,Kümmere dich mehr um mich!"

Gerade die Ehe als der Ort mit großer Gefühlsdichte ist zugleich der schwächste Punkt der Menschheit, was die Beherrschung der Gefühle angeht. Der Haß jedenfalls ist der Liebe näher als die Gleichgültigkeit. Häufig sind es die leidenschaftlichsten Beziehungen, in denen es zu Schlägen kommt. Paare, die einander gleichgültig gegenüberstehen, sind weniger gefährdet.

Wo planmäßige Gewalt, dauerhafte Unterdrückung und Mißhandlung eine Ehe oder Beziehung beherrschen, sind Trennung und Scheidung unvermeidlich. Soweit muß es nicht kommen, wenn die Partner folgende Notmaßnahmen berücksichtigen:

- In einer angespannten Situation den anderen nie zusätzlich reizen oder provozieren – vor allem wenn man weiß, daß er zu Jähzorn und Gewalttätigkeit neigt.
- Wenn er wütend wird, rot anläuft, ausholt und eventuell sogar den ersten Schlag führt: Ausweichen, das Zimmer verlassen, weggehen oder fortlaufen.
- Gleich beim allerersten Mal so nachhaltig Abscheu und Empörung, Schmerz und Enttäuschung zeigen, daß ihm selbst

der Schreck in die Glieder fährt und er spürt, daß er entschieden zu weit gegangen ist!
- In Ruhe auch das eigene Verhalten überprüfen: Womit habe ich ihn so maßlos gereizt? Welchen wunden Punkt oder empfindlichen Nerv habe ich bei ihm getroffen? Habe ich etwa mutwillig eine Blöße oder Schwäche ausgenutzt?
- Auf jeden Fall zu Aussprache und gemeinsamer Besinnung bereit sein. Wirkliche Vergebung und Verzeihung setzen aber voraus, daß man neben der Erschütterung über das eigene Verhalten auch wirkliche Reue fühlt und zeigt. Erst dann ist ein Neuanfang möglich und in einem solchen Fall auch dringend erforderlich, wenn die Ehe oder Partnerschaft gerettet werden soll!
- Bei Dauergewalt, ja Brutalität, ist die Abfolge der Schritte in konsequenter Folge: Anzeige bei der Polizei, Zuflucht im Frauenhaus, Aufsuchen eines Anwalts und damit meistens Trennung und Scheidung. Zu lange zu warten, kann seelisch und körperlich schädlich, ja lebensgefährlich sein!

Lassen sich Konflikte vermeiden?

Natürlich gibt es Situationen, die eher Konflikte auslösen als andere. Ungleiche Bedingungen, was Einfluß, Geld, Bildung, Geschick und Intelligenz angeht, können immer dann Kämpfe fördern, wenn sie – statt fürsorglich für den anderen – kämpferisch gegen ihn ausgespielt werden.

Außer individuellen Eigenarten können sich auch unterschiedliche Lebenssituationen – zum Beispiel die Arbeitsumwelt – destruktiv auswirken, zumindest konfliktauslösend. Wenn die Frau zu Hause bleibt und der Mann außerhalb berufstätig ist, wirkt sich dies immer als Spannungsmoment für die Partnerschaft aus, wie natürlich auch im umgekehrten – bisher nur selteneren – Fall. Die Ehescheidungsstatistiken der Berufsgruppen sprechen hier Bände: Am stabilsten sind die Ehen von Landwirten, am labilsten die von Vertretern. Vertreterberufe, Reisetätigkeiten aller Art erweisen sich als ausgesprochen beziehungsgefährdend. Selbst bei starker Liebe als Grundlage, bei einer soliden charakterlichen Grundhaltung und einer positiven Einstellung zur Ehe als Dauerinstitution ist das Leben mit gepacktem Koffer schwer. Nicht nur die Risiken der Trennung, der neuen Begegnung mit anderen Partnern, die zahlreichen Übernachtungen in wechselnden Hotels und die Berührung mit anderen Sitten und Bräuchen sind gefährdend, sondern auch die gemeinsame Zeit ist belastet. Meistens bricht schon Tage vor einer größeren Reise die Unruhe aus, das sogenannte Reisefieber, das eine entspannte, vertrauensvolle Gemeinsamkeit erschwert. Durch die Reise wird man sich fremd und muß diese Fremdheit nach der Rückkehr erst allmählich überwinden. Man muß jedesmal neu zueinander wachsen, und wenn man sich gerade wieder gefunden, verständigt und verstanden hat, droht meist schon die nächste Abreise oder wirft ihre Schatten voraus. So etwas ist für eine Ehe überaus strapaziös. Und dennoch halten Wochenendehen oft über Jahre hinweg. Gute Erleichterungen bieten zum Beispiel eine gelegentliche Mitfahrt des Partners auf Reisen oder längere gemeinsame Urlaube, intensive telefonische und briefliche Verbindung auch bei Trennung und ein ständig erneuertes Vertrauen, das mehr Maßnahmen zur Stabilisierung erfordert als in anderen Ehen üblich.

Viele Paare haben es schwer, eine dauerhafte und ergiebige Kommunikation miteinander zu führen. Die Gründe sind vielfältig: Zum einen erschöpfen sich die Themen mit der Zeit, denn die Lebensthemen jedes Menschen bleiben dieselben und wiederholen sich. Zum anderen erweist sich das, was zunächst als willkommener Gegensatz und interessante Ergänzung gedacht war, als Reibungsmoment und Spannungsursache.

Hier hilft nur, daß Erwartungen zurückgenommen werden. Beide Partner können ihre Konflikte lösen, indem sie sozusagen auf den Nullpunkt zurückkehren und noch einmal neu anfangen. Darum erinnern sich Paare gern ihrer Anfangszeit. Nur meist ziehen sie nicht die Konsequenz daraus, ihre eigenen eingefleischten Erwartungen und Forderungen zurückzunehmen und den anderen zu respektieren, wie er ist. Dies würde ihnen die Freiheit zu einer ergiebigen Kommunikation gestatten. So decken sie den anderen mit einem immer dichter werdenden Netz von Forderungen und schließlich Überforderungen, von Pflichten und Erwartungen und – falls nicht erfüllt – von Vorwürfen und Anklagen ein und schließlich zu, bis jede Kommunikation erstickt. Dieses Netz muß durchschnitten, die Maschen gelichtet und das Gewebe durchsichtiger gemacht werden. Dazu können die Partner selbst einiges tun.

Da heute Ehe – falls sie nicht geschieden wird – eine erheblich längere Durchschnittsdauer hat als vor hundert Jahren, als im Durchschnitt eine Ehe fünfzehn Jahre währte, ist dieses immer erneuerte Bemühen um konstruktive Kommunikation für den Bestand der Ehe und das Glück der Partner lebenswichtig. Darum ist es so wichtig, positive Streitmodelle zu entwickeln. Wenn Krisen fruchtbar verarbeitet werden, erweisen sie sich regelmäßig als belebend und verbessernd.

Schließlich erfordert das aggressive Potential in jeder Dauerbeziehung auch die Bereitschaft zu immer neuer Versöhnung und Verzeihung. Nicht jeder Konflikt ist sprachlich zu lösen. Solange beide sich noch umarmen und den Konflikt vergessen können, weil die Liebe zueinander stärker ist, hat die Beziehung eine Chance. Auch dieses Modell der Konfliktlösung sollte sichtbar gemacht werden. Gerade hierin kann sich schließlich doch noch zeigen, daß es nicht nur destruktive Folgen haben muß, wenn Gegensätze sich anziehen, sondern daß das Spannungsmoment auch der Liebe dienlich sein kann – nämlich über den ,,kleinen Unterschied" und seine Faszination. Er ist wahrscheinlich nach wie vor für die meisten Paare der Magnetismus, der sie zueinander zieht und beieinander hält und dazu führt, daß sie sich trotz aller Gegensätze und allen Streites schließlich immer wieder versöhnt in die Arme fallen.

Antoine de Saint-Exupéry sagte einmal, daß Gemeinsamkeit nicht darin besteht, daß man sich unentwegt gegenseitig anschaut, sondern darin, daß man gemeinsam auf etwas hinsieht. Etwas Gemeinsames (etwas, das einem wichtig ist, Freizeitbeschäftigung, Hobby, eine Sportart, ein Spiel, gemeinsame Tätigkeiten bei der Hausarbeit, bei der Kindererziehung, ein gemeinsamer Beruf) kann ungemein entlasten von der Überladung durch Gefühlsansprüche, die sich sehr schnell zu Konfliktstoff verheddern und verhärten können. Die Berufe, bei denen beide Partner Schulter an Schulter am gleichen Strang ziehen, zum Beispiel in der Landwirtschaft, sind gegen Scheidungen weniger anfällig als solche, die, wie die meisten Angestelltenberufe, durch getrennte Arbeitsplätze und auch durch die Trennung von Wohn- und Arbeitsplatz gekennzeichnet sind, wo die Beziehungen ja eigentlich immer schon zeitweise gelöst und daher auf die Dauer auch leichter entfremdet und gefährdet werden.

Gemeinsame Tätigkeit, gemeinsame Überzeugungen, Ziele, Aufgaben, die man sich stellt, ehrenamtlicher Einsatz in kirchlichen und politischen Gemeinden, in Gruppen und Verbänden zum Wohle anderer Menschen können ungemein verbinden und von den eigenen Problemen entlasten.

Vieles kann aber auch Ersatz für Inhalte sein. Wenn Nichtigkeiten an die Stelle von Wichtigkeiten treten oder sich als solche erweisen, fragt man sich: Ist es nicht nur Rummel und Betrieb? Bringt es uns weiter? Führt es uns zueinander? Sind wir glücklich darin? Oder ist es nur eine getarnte Flucht, um dem anderen nicht mehr begegnen zu müssen? Eines ist sicher: Gemeinsamer Glaube und gemeinsame Überzeugung binden am besten. Sie schaffen eine geistige Grundlage und den tragenden Hintergrund, vor dem man sich auch nach den schwersten Konflikten wieder finden und versöhnen kann. ,,Liebende leben von der Vergebung'' hieß ein Roman von Manfred Hausmann. Die große Bedeutung dieses Satzes ist heute fast vergessen und ist doch für eine Partnerschaft entscheidend, weil wir alle nur Menschen und auf Versöhnung und Vergebung immer aufs neue angewiesen sind. Denn nur diese Bereitschaft und diese Praxis ermöglichen den Frieden – im großen wie im kleinen.

Die Kunst, als Paar zu leben, umfaßt mehrere wichtige Bereiche. Ich habe sie einmal mit folgenden einprägsamen Formeln zu fassen versucht:

– die Findungs- und Bindungskunst,
– die Liebes- und Triebeskunst,
– die Leid- und Streitkunst,
– die Gewöhnungs- und Versöhnungskunst.

Ich hoffe, das vorliegende Buch hat Ihnen dabei geholfen, diese Künste ein wenig besser zu beherrschen. Es folgen jetzt ein paar Hinweise, wie Sie mit Hilfe einer Partnerberatung Ihre Beziehung eventuell verbessern können. Denn eines ist eine Beratung in jedem Fall: eine Chance für die Partnerschaft.

Die Chance der Beratung

„Der Mensch ist ein Rohr, er ist ein schwankendes Rohr, er ist das schwankendste aller Rohre, aber er ist ein denkendes Rohr." so hat Blaise Pascal einmal definiert. Darin liegen auch Schwierigkeit und Chance der Beratung begründet.

Für die Stetigkeit der Gefühle, die die Dauerinstitution Ehe, Familie und Partnerschaft verlangt, nicht geschaffen, schwankt der Mensch von einem Konflikt in den nächsten. Je weniger Normen ihn von außen bestimmen und je weniger verpflichtend das innere Band von Tradition und Sitte für ihn ist, desto mehr ist er dem Risiko der Freiheit und damit dem Konflikt ausgesetzt. Als Einzelwesen, das nicht fähig ist, allein zu sein, klammert er sich mehr und früher denn je an einen Menschen, den er damit häufig überfordert. Die Aggressionen, die die Folge dieser Überhitzung und Überreizung sind, führen dazu, daß beide einander in immer kürzeren Intervallen abstoßen und, des Alleinseins überdrüssig, aufs neue nach Verständnis suchen. Arthur Schopenhauer hat diesen Mechanismus in eine einprägsame Fabel gekleidet:

„Es waren einmal zwei Stachelschweine, die sich in der Nacht dicht aneinander schmiegten, um sich gegenseitig zu wärmen, wobei sie sich jedoch unvermeidlich stachen. Gereizt und verärgert trennten sie sich, begannen jedoch schon bald vor Kälte zu zittern. Abermals suchten sie ihre Nähe und Wärme, wurden aber durch Schmerz und Ärger wieder auseinandergetrieben. Immer wieder versuchten sie es aufs neue. Die Hoffnung auf die Wärme des Partners trieb sie zueinander, doch wurden sie bei jeder Berührung enttäuscht wieder auseinandergetrieben."

In manchen Partnerschaften ist es nicht viel anders.

Daran ist die Rollenunsicherheit, die eine Folge der erfreulich wachsenden Gleichberechtigung ist, wesentlich mit schuld. Sie erhöht den Bedarf nach Bewußtmachung, an der auch die Beratung einen ebenfalls zunehmenden Anteil haben kann.

Der Mensch ist ein Rollenwesen. Das Zusammenleben mit anderen, zumal auf so engem Raum wie in der Ehe, oder ein Zusammenleben mit einem Partner glückt nur, wenn die Rollen aufeinander bezogen sind, wenn sie einander ergänzen und sich ineinander fügen. Jede gesellschaftliche Normierung sozialer Beziehungen hat den Sinn, die Rollenverteilung zu einem eingepaßten, sich sinnvoll fügenden Ganzen zu ordnen. Diese Ordnung kann häufig ungerecht sein, aber sie garantiert in der Regel eine weitgehende Konfliktfreiheit. Darum hat Goethe gesagt, wenn er sich nicht zwischen Ordnung und Gerechtigkeit zu entscheiden brauche, sei es gut, müsse er aber zwischen Chaos und Ungerechtigkeit wählen, würde er sich für die Ungerechtigkeit entscheiden. In der Beziehung der Geschlechter entscheidet sich unsere Zeit mit gutem Grund für die Gerechtigkeit. Dafür nimmt sie die Rollenunsicherheit und die dadurch bedingten Konflikte in Kauf. Solange Zahnräder sich mit Zahn und Lücke ineinander fügen, solange Größe und Geschwindigkeit aufeinander abgestimmt sind, läuft die Maschine reibungslos. Minimale Abweichungen des einen oder anderen Faktors können jedoch schon erhebliche Reibungen oder das Aufeinanderstoßen der Zähne bewirken, das sie zerbrechen läßt. Eine noch kompliziertere Aufgabe ist mit der Justierung der zwischenmenschlichen Beziehungen verbunden, vor allem dann, wenn hier jeder Teil sich nach eigenen Gesetzen um sich selbst dreht und keinem übergeordneten Plan folgt.

Das kompliziert auch die Aufgabe der Beratung. Denn wie der Mensch kein Zahnrad ist, ist auch der Berater kein Wartungsingenieur. Der Mensch, dieses Zahnrad mit Bewußtsein, dreht sich nicht nur nach eigenen Gesetzen um sich selbst, er dreht sich oft überhaupt nicht nach Gesetzen, sondern höchst unregelmäßig, er kennt Leiden und Launen, Empfindlichkeiten und Erfahrungen, kann lernen und vergessen – und mit alledem soll der Berater arbeiten.

Beratung bezweckt Lernprozesse, deren erster die Einsicht in den Rollenspielcharakter der Ehe oder der Beziehung ist. Wie sie funktionieren wurde in den beschriebenen Spielen von ,,Wippschaukel'' bis ,,Glashaus'' mehr als deutlich.

Ehen und langjährige Partnerschaften sind nicht nur Institutionen, sondern sie sind auch Zusammenspiel mit Aktionen und Reaktionen. Die Partnerschaft ist nicht nur ein Liebesverhältnis, sondern ein kompliziertes Gebilde, in dem zwei Partner miteinander, gegeneinander und nebeneinander leben. Sie ist nicht nur Quelle höchsten Glücks, sondern auch Kriegsschauplatz und Ursprung tiefsten Unglücks. Sie ist nicht nur eine private Angelegenheit, sondern auch Ursprung und Brennpunkt gesellschaftlicher Prozesse.

Dabei ist über Glück oder Unglück noch nichts vorentschieden. Eine als unlösbar verstandene Ehe kann für einen oder beide Partner güclich oder auch unglücklich sein. Wenn die Partner bereit sind, ihre Liebesenergie ganz auf einen Menschen zu konzentrieren, werden sie eine höhere Glückswahrscheinlichkeit auf ihrer Seite haben, als wenn sie dem Partner unentwegt Alternativen an die Seite stellen, mit denen sie ihn vergleichen. Eine offen und liberal geführte Ehe oder Partnerschaft, in der kein Besitzanspruch gestellt wird und in der auch das Ausschließlichkeitsverhältnis nicht so ausgeprägt ist, als wenn man sich füreinander bestimmt glaubt, kann glücklicher, weil toleranter geführt werden. Sie kann aber auch unglücklich sein, weil beide Partner einander gehenlassen und auch weniger Anteil aneinander nehmen.

Eheberatung taugt ohnehin nicht dazu, gültige Aussagen über

die Ehe oder ein bestimmtes Leitbild von Ehe zu machen. Dieses würde immer wieder relativiert durch die einseitige Auswahl, in der der Eheberater die Fälle bekommt.

Selbst für die Entwicklung einer Theorie des Ehe- oder Partnerschaftskonflikts scheint es noch zu früh zu sein. Bisher gibt es erst verstreute Ansätze. Einige Ursachen von Konflikten habe ich im Kapitel „Konflikte: Ihre Entstehung und Struktur" beschrieben. Möglich ist dagegen die Beobachtung von Häufungen bestimmter Konflikttypen und -strukturen, die immer wiederkehren. Selbst hieraus allgemeine Schlüsse zu ziehen, wäre voreilig. Aus der Frühzeit der tiefenpsychologischen Schulen ist bekannt, daß jeder Berater bestimmte Klienten anzieht. Jede Theorie findet die Fälle, die sie bestätigen. Wahrscheinlich häufen sich um jede Hypothese die Materialstrukturen, die ihr entsprechen. Darum werden hier nur die aus der perspektivischen Erfahrung eines Beraters festgestellten Häufungen von Konfliktstrukturen mitgeteilt.

Kriegsspiele habe ich sie genannt, weil die Konflikte einer Ehe oder Partnerschaft, solange sie bestehen, tatsächlich weitgehend den Charakter eines Rollenspiels mit einem gewissen Anteil von Aggressivität besitzen. Charakteristisch für ein Rollenspiel ist die Wechselseitigkeit. Ein individuell orientiertes Denkmodell der Ehe, wie es dem alten Scheidungsrecht zugrunde liegt, vermag die Funktionen starr zu trennen: Der eine ist aktiv, der andere passiv, der eine regiert, der andere ist untertan. Der eine ist schuldig, der andere nicht schuldig.

Ein sozialdynamisches Modell sieht das Ganze als Funktionseinheit, wenn man so will, als Regelkreis. Beide sind nicht einfach für sich, sondern sie sind zueinander. Selbst in ungleichwertigen, also nicht ehegerechten Konstellationen kann dieser Regelkreis funktionieren. Etwa wenn der eine krank ist und der andere ihn pflegt, der eine sich als Held aufbaut und der andere die Rolle des Bewunderers erfüllt, der eine berufstätig ist und der andere die Kinder erzieht. Immer weniger lassen sich solche Rollenverteilungen aber starr festlegen und für das ganze Leben gültig fixieren. Die Übergänge werden fließender, die Gewichte vertauschbar, die Definitionen müssen für Veränderungen offener sein. So erhöht sich die Zahl der Konfliktursachen, aber auch die Chance der Gleichberechtigung.

Konflikte entstehen, wenn einer nicht mitspielt, oder beide nicht mitspielen oder einer oder beide gar nicht wissen, was sie spielen sollen und nach welchen Regeln.

Im Zweifelsfalle spielen sie Krieg. Es geht darum, das verlorene Terrain zu sichern oder sogar weiteres zu gewinnen. Krieg spielen heißt, Konflikte nicht lösen, sondern immer wieder vom Zaun brechen, heißt, auf die Rollenverteilung von Sieger und Verlierer aus sein, und heißt zugleich, die Grenze zwischen Spiel und Ernst zu überschreiten. Wenn zum Spiel gehört, daß eine Regel eingehalten wird, daß Heiterkeit und Freiheit herrschen, so ist hier der Ausdruck Spiel nur unvollkommen zu verwenden. Die Grenze zum bitteren, ja blutigen Ernst ist leicht überschritten.

Der Berater steht sozusagen an der Bruchstelle zwischen Spiel und Ernst.

Mit dieser Grenze ist zugleich die Grenze seines Bemühens angedeutet. Er kann und will nicht den einzelnen, etwa den Neurotiker, in einer individuellen Therapie wieder partnerschaftsfähig machen. Er kann und will nicht durch gute Ratschläge und Ermunterung die in eine Krise geratenen Partner zum Zusammenbleiben auffordern. Er will nicht die ihm vorgetragenen Konflikte verschleiern, wieder schön verpacken und die Partner aufs Spielfeld ohne Spielregel zurückverweisen.

Er kann den Partnern nicht die gewünschten Rezepte geben. Das wäre sehr gefährlich für das Rollenspiel zwischen Berater und Klient. Häufig sind es Legitimationswünsche, denen er entsprechen soll, indem er das Verhalten des einen Partners gegenüber dem anderen rechtfertigt. Oft sind es Identifikationswünsche und Übertragungen, die an ihn herangetragen werden und die Affekte aus früheren Kontakten neu personifizieren. Hier wäre mit Ratschlägen ohnehin nicht gedient. Denn meistens rufen sie zugleich unbewußte Proteste hervor, weil dem Klienten ja nicht Einschränkung seiner Freiheit, sondern das Fertigwerden mit ihr vorschwebt und aufgegeben ist. Der Versuch, eventuellen Ratschlägen des Beraters zu folgen, würde nur neue Versagungs- und Schuldgefühle erzeugen.

Der Berater kann jedoch die vernichtende Kriegsstrategie in Spielregeln umwandeln, die von beiden Partnern anerkannt werden. Dabei geht es ihm keineswegs nur darum, äußere Symptome zu beseitigen, sondern die gesamte Beziehung der Partner grundlegend zu ändern. Er ist sich allerdings darüber klar, daß man Menschen nicht von Grund auf ändern kann, sondern bestenfalls die Verhaltensweisen zu korrigieren vermag, an denen die Partner leiden und durch die sie sich Leid zufügen. Streit im wertfreien Sinne des Wortes, also Auseinandersetzung miteinander, ist ein natürlicher Bestandteil einer Dauerbeziehung zwischen zwei Partnern, die eng zusammenleben. Streit wird erst unerträglich und für die seelische Existenz eines Partners oder beider vernichtend, wenn er in entwertender, ungenauer, verallgemeinernder und affektiv übertriebener Form geführt wird. So wird aus einem konkreten, aber harmlosen Anlaß eine Konfliktlawine, die den Vorwurfskatalog ganzer Jahre umfaßt und nicht mehr zu bewältigen ist.

Ein Partner fühlt sich vernachlässigt und verbindet damit einen pauschalen Vorwurf: „Ich bin dir nichts wert." Der Berater weist darauf hin, daß darin vielleicht doch zu viel Verallgemeinerung und Abwertung enthalten ist, als daß man sich auf dieser Ebene mit dem Partner arrangieren könnte. Ärger zu äußern ist sicher gut, aber es sollte ohne Erniedrigung geschehen, die dann Gegenwehr mit dem entsprechenden Versuch der Erniedrigung zwangsläufig auslöst.

Wichtig ist, sagen zu lernen, was man möchte, und den anderen zu ermuntern, dies auch zu tun. Erst auf der Bereitschaft, dem anderen stets das gleiche zuzubilligen, kann sich ein fruchtbarer Kompromiß aufbauen. Gibt einer allein eine Regel für das Verhalten des anderen oder die gegenseitige Beziehung an, fühlt sich der andere unterdrückt und muß sich wehren. Andererseits kann die unkontrollierte Äußerung inneren Zumuteseins neue Verletzungen verursachen und Gegenschläge auslösen.

Als das Paar A. in meine Beratung kam, beteuerten beide Partner als erstes, daß sie sich im Laufe ihrer achtjährigen Beziehung „niemals gestritten" hätten. Dann aber sei Herbert A. eines Tages „wegen irgendeiner Belanglosigkeit" so ausfallend gegen seine Partnerin geworden, daß diese – verletzt und gekränkt wie nie zuvor in ihrem Leben – eine Woche lang nicht mit ihm geredet hätte, und seitdem mache eine unangenehme Spannung zwischen ihnen, die sie einfach nicht in den Griff bekommen könnten, ihr Zusammenleben immer unerträglicher.

Der Fall dieses Paares zeigt es einmal mehr: Jeden Streit sorgfältig zu meiden, ihm ständig aus dem Wege zu gehen, bedeutet keine Garantie für dauerhafte Harmonie. Im Gegenteil! Verzichten wir in unseren zwischenmenschlichen Beziehungen längere Zeit auf den „die Atmosphäre reinigenden" Streit, wird sich unnötig viel Zündstoff lagern und eines Tages ganz unvermittelt explodieren. Ein kleiner Tropfen kann das Faß zum Überlaufen bringen. Aus heiterem Himmel gibt es eine Überschwemmung. Darum sollten wir uns daran machen, das Faß auszuschöpfen, das heißt, den Streit beginnen, wenn es mit Unverarbeitetem gerade halbvoll ist.

Der Streit darf aber nicht über uns kommen wie ein Sommergewitter, sondern er muß durchgestanden werden unter Einhaltung der dazu dringend benötigten Spielregeln des Fairplay, das heißt durch dauerndes gemeinsames Bemühen, in konfliktreichen Augenblicken einen Ausgleich herbeizuführen. Gerade das fällt vielen Partnern schwer. Konflikte aber gibt es nun einmal in jeder Beziehung; die Ursachen können Kleinigkeiten oder wirkliche Krisenpunkte sein, wobei die ersteren oft nur die Symptome der letzteren sind. Unter den Teppich gekehrt, sieht man sie höchstens für eine gewisse Zeit nicht, dann aber machen sie sich um so störender bemerkbar.

Beratung soll freimachen zu eigenverantwortlichem Handeln.

— Dies kann sie durch Herstellung einer neuen Reflexionsebene, in der der Berater sozusagen der Reflektor ist.
— Dadurch kann sie Einsichten vermitteln in Zusammenhänge, die dem Ratsuchenden bisher verborgen waren.
— Insbesondere kann sie ihm das unterdrückte und nicht bewußte Aggressionspotential, das in jeder Ehe, erst recht in einer konfliktreichen, steckt, bewußt machen.
— Sie kann vorhandene Zensurhaltungen und Tabus auflockern und gegenüber der eigenen Triebdynamik wie gegenüber der des Partners Toleranz ermöglichen.
— Sie vermag eventuell den oft eingeschlafenen oder erstarrten Dialog der Partner neu zu beleben und thematisch zu erweitern. Über viele Themen sprechen Ehepartner oft nicht von selbst. Nicht selten sprechen sie sich nach dem Besuch beim Berater zum ersten Mal über ein affektgeladenes Konfliktthema aus.
— Beratung kann überwertige Fixierungen einer oder beider Seiten relativieren, zum Beispiel Überlegenheits- und Unterlegenheits-, Überwertigkeits- oder Minderwertigkeits-, Schuld- oder Unschuldsgefühle, Unabhängigkeitsdrang und Unfreiheitserlebnisse, Sexualangst oder Sexualgier, Übergewissenhaftigkeit oder Egozentrik, und so weiter.

Das alles ist jedoch nur in der Spielbreite des relativ Normalen möglich. Kennzeichnend dafür ist die Fähigkeit, sein Verhalten zu kontrollieren und in einem gewissen Maße nach eigenen Einsichten zu orientieren. Wenn das gelingt, ist die Auseinandersetzung der Partner schon auf eine neue Ebene, ihr Zueinander in eine veränderte Perspektive gerückt. Daraus können sich neue Konstellationen und Gegenseitigkeiten, auch neue Spielregeln ergeben, die mit dem Berater abgesprochen werden.

Die Vielfalt der Spielformen drängt sich dem Praktiker täglich auf. Sie hindert ihn daran, ein einheitliches normatives Leitbild an den einzelnen Fall heranzutragen und ihn danach zu beurteilen, vor allem nicht das eigene. Auch wenn es typische Erscheinungsformen gibt, spielt doch jede Partnerschaft ihr eigenes Rollenspiel, dessen Regeln den Partnern meistens nicht einmal bewußt sind, und die der Berater erst mühsam herausspüren muß. Wenn er sie kennt, wird er die Konfliktstellen ermitteln und unter dem Maßstab der zwischen zwei Partnern gültigen Regeln selbst Korrekturhilfen zu leisten versuchen. Dabei versteht er sich nicht als Ausführungsgehilfe einer gesellschaftlichen Moral, auch muß er sich von eigenen Überzeugungen insoweit befreien, als das ratsuchende Gegenüber von ihm erwartet, daß er ganz auf die ausgebreitete Situation eingeht und reflektierend die Konflikte durchspielt, unter denen die Partner leiden.

Dabei ist die Erhaltung der Ehe oder Partnerschaft ihm kein so heiliges Dogma wie dem Arzt die Erhaltung des Lebens. Kein Partner hat ein Recht, im Namen der Aufrechterhaltung einer Beziehung die Freiheit des anderen zu unterdrücken. Wahrscheinlich aber hat auch keiner ein Recht, nur um einer größeren Freiheit willen die einmal eingegangene Bindung einseitig zu beenden. In solchen Fällen hat der Berater mehr als eine Reflektorfunktion. Er wird zum Vermittler, der zwischen sich bekämpfenden oder auseinanderstrebenden Menschen die Voraussetzungen eines erträglichen Kompromisses schaffen kann. Auch in diesem Fall geht es um Spielregeln, die das Leben unter relativen Bedingungen erträglicher und vielleicht sogar wieder lebens- und liebenswert machen helfen.

Zehn Todsünden der Partnerschaft

Immer wieder werde ich gefragt, ob es ein „Patent-Rezept" für eine glückliche Partnerschaft gibt. Oder andersherum: Welche Verhaltensweisen tödlich für jede Beziehung sind. Aus mehr als 30jähriger Erfahrung als Eheberater, aber auch als Ehemann, habe ich hier einmal die zehn schwersten Ehesünden zusammengestellt.

1. Verstummen: Wenn beide Partner sich nichts mehr zu sagen haben, kaum noch richtig miteinander reden, droht die Beziehung zu versanden und schließlich auseinanderzubrechen. Die Gründe dafür sind häufig nicht nur Langeweile und Gewohnheit, sondern viel häufiger Angst und Tabus. Gerade die wichtigen Gespräche über Konflikte und Probleme in der Partnerschaft werden nicht geführt.

2. Vernachlässigen: Wenn jemand ständig andere Interessen – etwa Hobby oder Beruf, die Kinder, Eltern oder Freunde – wichtiger nimmt als die eigene Beziehung, so rückt der Partner in die zweite Reihe und schließlich vielleicht sogar in die letzte. Dort wird er sich nicht wohl fühlen und mit der Zeit ausbrechen.

3. Verweigern: Wer sich dem anderen entzieht, Gespräche, Zärtlichkeiten und Intimitäten verweigert, strapaziert auf Dauer seine Beziehung unerträglich. Dazu gehört auch, den Intimkontakt als Druckmittel einzusetzen – sich also zu verweigern, um ein Ziel zu erreichen.

4. Verachten: Viel öfter als vermutet kommt es vor, daß Partner allmählich die Wertschätzung füreinander verlieren und

sich – offen oder auch nur im geheimen – gegenseitig verachten und geringschätzen. Dies zeigt sich auch durch ständiges Herabsetzen des Partners. Ihm werden Wissen und Urteilsfähigkeit, Jugendlichkeit, Liebesfähigkeit und ähnliches abgesprochen. Das verletzt seine Würde. Wer nimmt das ewig hin?

5. Vergleichen: Besonders deprimierend ist es, ständigen Vergleichen mit anderen – dem Nachbarn oder Freund, dem Vorgesetzten oder der Jüngeren – ausgesetzt zu sein. Bei diesen Vergleichen schneidet der Partner gewöhnlich schlechter ab und reagiert deshalb tief gekränkt. Oft wartet er voller Rachsucht auf die nächstbeste Gelegenheit, um alles heimzuzahlen.

6. Verraten: Die häufigste Form des Verrats ist der Seitensprung. Hier ist die Rede davon, daß einer den anderen betrügt, kaltblütig verrät und hintergeht – eine der schwerwiegendsten Belastungen für eine Beziehung.

7. Verübeln: Richtig schlimm wird jeder Fehler, jede Verfehlung erst dadurch, daß der Partner nachtragend ist, nicht verzeihen und vergessen will. Wer immer alles nur übelnimmt, Vorhaltungen ohne Ende macht, schadet wahrscheinlich noch mehr als der, dem die Vorwürfe gelten.

8. Vereinnahmen: Nicht nur Partner, die ihre Beziehung vernachlässigen, gefährden sie. Auch das Gegenteil, das Klammern, Kontrollieren und Sich-Einmischen, kann eine Beziehung belasten und schließlich zerstören. Eine gute Beziehung setzt zwei selbständige Partner voraus. Jeder muß den anderen respektieren und ihm Freiheitsräume zugestehen.

9. Vergessen: Wenn die Wärme aus einer Beziehung immer mehr schwindet, die Liebe erkaltet und die nötigen kleinen Auf-

merksamkeiten vergessen werden, die eine Partnerschaft am Leben erhalten, stellt sich die Frage, ob sich das Ganze noch lohnt. Denn Liebe fordert auch Einsatz, will immer wieder aufgefrischt werden: Ein Blumenstrauß, eine Einladung oder eine originelle Überraschung sind nette Gesten, die selten ihre Wirkung verfehlen.

10. Vergewaltigen: Dieses Wort trifft immer dann zu, wenn ein Partner glaubt, nur Rechte zu haben, und diese auch gegen den Willen des anderen durchsetzen zu können. Es gibt keinen Besitzanspruch, kein Recht auf Bevormundung und Machtausübung. Wer den anderen an die Wand drückt, macht ihn unglücklich und sich selbst auf Dauer auch.

Natürlich kann man aus diesen zehn Sünden umgekehrt auch die Rezepte für eine glückliche Partnerschaft ableiten: Notwendig ist es, den Partner als Menschen wichtig zu nehmen, ihn mit Achtung und Aufmerksamkeit zu behandeln, ihn persönlich und ohne Vergleiche mit anderen liebzuhaben, ihm zu verzeihen und immer wieder neu anzufangen.

Das fällt nicht schwer, solange es in der Liebe und in den intimen Beziehungen stimmt. Die Bewährungsprobe kommt erst dann, wenn eine richtige Krise angesagt ist. Und davon bleibt wohl niemand auf Dauer verschont.

Zehn Unarten, die Frauen an Männern nicht mögen

1. Rechthaberei: Was wissen Männer nicht alles besser! Was eine Rohrrücklaufbremse oder eine Normenkontrollklage, was ein Modul oder ein Monsun ist – neidlos sei es zugestanden. Aber wie machen sie davon Gebrauch! Sie kramen ihr Wissen genüßlich und bei jeder Gelegenheit hervor. Vor allem benutzen sie es, um einem das eigene Unwissen unausweichlich deutlich zu machen. Sie benutzen es als Herrschaftsinstrument und um die alte patriarchalische Rangordnung aufrecht zu erhalten oder wiederherzustellen. Sie kämpfen darum, streiten stundenlang darüber und sind sogar bereit, die Harmonie einer Beziehung aufs Spiel zu setzen. Hauptsache, sie gehen als die überlegenen Sieger aus der Diskussion hervor. Viele Frauen ziehen es deswegen vor, von vornherein klein beizugeben und den großen Helden unangefochten zu lassen. Aber das würde heißen, daß man sich mit dieser Rollenverteilung zufrieden gibt und wenig Aussicht hat, eine partnerschaftlichere daraus zu machen.

2. Erfolgszwang: Männer sind „arm" dran: Sie stehen dauernd in Konkurrenz zu anderen und müssen sich immer beweisen. Im Beruf haben sie Mitbewerber und Rivalen. Das Schlimme ist nur, daß bei vielen Männern diese Situation auch in Freizeit und Partnerschaft durchschlägt. Sie kommen aus der Haltung des Wettbewerbs und des Leistungsbeweises nicht heraus. Sie stehen permanent – auch in ihrer Freizeit – unter Erfolgszwängen. Immer der Erste, immer perfekt sein, keine Schwäche zeigen und niemals zugeben, daß man schwach oder müde ist, sich geirrt oder

Unrecht hat – im Grunde ein bedauernswertes Schicksal. So wird denn zu Hause auch das Auto gewaschen, der Garten gepflegt, die Fassade erneuert. Auch das Auftreten, die Sprechweise, das Denken werden dadurch geprägt: immer eisern, gespannt, forciert und kraftvoll – wer kann das schon dauernd ertragen. Dieses Verhalten besitzt zunächst etwas Ansteckendes, dann aber auch genug Abschreckendes. Dabei wären die meisten froh, wenn sie mit sanfter Hand von dem Gipfel ihrer Erfolgszwänge heruntergeleitet und in eine gewisse Lockerheit und Lässigkeit entführt würden . . .

3. Kraftmeierei: Gerade die, die im wirklichen Leben keine besonderen Erfolge aufzuweisen haben, neigen dazu, ihre wenigen Erfolgserlebnisse hervorzukehren und durch Angabe noch zu übersteigern und zu übertreiben. Wer angibt, hat's nötig, und wer als Kraftbolzen auftritt, verrät dem geübten Auge damit nur seine Schwäche. Aber ein Angeber ist auch gefährlich, denn, wer diese Schwäche aufdecken oder gar ausnutzen würde, müßte mit seiner unversöhnlichen Feindschaft rechnen. Kraftmeier brauchen die immer neue Bestätigung und sind geradezu unersättlich, weil sie im Grunde selbst nicht an sich glauben. So müssen sie immer wieder von außen überzeugt werden und klopfen ihre starken Sprüche in der Hoffnung, anderen damit zu imponieren und auf Zustimmung zu stoßen. Ihr Leiden besteht gerade darin, daß sie diese Zustimmung selten finden, sondern eher skeptisch verzogenen Mienen begegnen, die sie wiederum als Herausforderung zu neuem Renommier- und Imponiergehabe deuten. Als Frau neben solchen Kraftmeiern zu existieren, ist nicht leicht, weil man sich sehr schnell ausgebeutet und mißbraucht vorkommt. Ein Kraftmeier versucht ja, seine Kraft auf Kosten anderer und vor dem Hintergrund eines Schwächeren herauszustellen und zu betonen. Wem würde das auf

die Dauer gut gefallen? Es bleibt einem also keine Chance, als behutsam die Kehrseiten aufzuspüren, sie gerade als Stärke erkennbar zu machen und Mut zur eigenen Schwäche zu vermitteln.

4. Unsensibilität: Wenn eine Frau schon längst klar sieht, beginnt ein Mann meistens erst mühsam zu begreifen. Er ist gewohnt, klar zu denken und sich grob und klotzig auseinanderzusetzen. Schwarz ist schwarz und weiß ist weiß, die Nuancen verunsichern ihn und erscheinen ihm nicht so leicht greifbar. Auch mißtraut er den Gefühlen und der Intuition zu sehr, um sich auf sie zu verlassen. Dabei könnte er viel leichter erspüren, was die Situation erfordert und was seine Partnerin wünscht, wenn er nicht darauf warten würde, daß sie es ihm in aller Deutlichkeit sagt. Für sie ist dann der Reiz schon erheblich verringert, und sie kommt sich vielleicht vor, wie ein Elefantenführer im Zirkus. (Nichts gegen Elefanten, die trotz ihrer sprichwörtlichen dicken Haut meistens sehr behutsam und sensibel und übrigens sehr nachtragend sind.) Männer fühlen sich unsicher, wenn sie sensibel sein sollen, und sie kommen sich dann vor wie jemand, der sich aufs Glatteis begibt. Es hängt mit der ständigen Rivalitäts- und Kampfsituation unter Männern zusammen, daß diese Seite in ihnen meistens schwächer ausgebildet ist. Ständiger Umgang mit einem weiblichen Partner kann und muß dies verbessern, wenn es nicht zu langwierigen, zermürbenden Auseinandersetzungen kommen soll.

5. Kumpelei: Nach den Flitterwochen oder nach dem Urlaub mit der Freundin wirken viele Männer wie erleichtert, wenn die Erde sie wieder hat, sie an den Arbeitsplatz zurückkehren und schließlich auch Kegelfreunde und Stammtisch mit großem Hallo den Heimgekehrten begrüßen. Dieser Ton ist ihnen vertraut. Grobe Witze machen die Runde, und bald

ist man sich einig, daß man sich unter Männern eben doch wohler fühlt und besser versteht. Der weiche ,,Kram'', die Empfindlichkeiten, die unausgesprochenen und schwer zu erratenden Erwartungen und Wünsche gehen einem auf die Nerven. Hier wird Fraktur gesprochen, hier kann kräftig gezecht und laut gelacht und auch schon mal ein Witz auf Kosten der ,,Weiber'' gewagt werden. Schön ist es natürlich, beides zu haben: eine warmherzige Partnerin und den rauhen und rauchigen Stammtischton. In dieser Spannung mögen viele Männer glücklich leben, aber die Frau wird sich nicht immer wohl dabei fühlen. Zu viele Stunden werden allein verwartet, zuviel Dunst von Nikotin und Alkohol hängt in seiner Kleidung und in seinen Haaren, wenn er heimkommt. Die Lust vergeht einem mit der Zeit, und seine Unarten nehmen nicht ab. Hier ist es ratsamer, andere Wege, zum Beispiel gemeinsame Stammtische und Freundschaften zu finden.

6. Schlamperei: Ein werbender Mann gibt sich alle Mühe, wirft sich in Schale, bindet die Krawatte vorzüglich, kauft Blumen, putzt sich morgens und abends die Zähne und wechselt die Wäsche täglich. Wenn der Zweck seiner Werbung endlich erreicht ist, reißen die alten Unsitten wieder ein. Er scheint das Gefühl zu haben, aus der Fürsorge der Mutter seiner Kindheit in die neue der Mutter seiner späten Jahre einzutreten. Die hat aber alles andere − als moderne und emanzipierte Frau jedenfalls − im Auge, als ihn zu versorgen und ihn zu bemuttern, auf ihn zu warten und als seine Waschfrau, Köchin und Putzhilfe zu fungieren. Männer gewöhnen sich mit erstaunlicher Schnelligkeit daran, alles herumliegen zu lassen, gewohnt, daß ein anderer ihnen nachräumt, Aschenbecher nicht auszuleeren, Abwasch nicht zu erledigen und sich um getragene Wäsche nicht weiter zu küm-

mern. Wer eine partnerschaftliche Lösung dieser Probleme will, muß sich von Anfang an darum kümmern und mit hartnäckigen Gewohnheiten des Partners und entsprechend schweren Widerständen rechnen.

7. Mutterabhängigkeit: Besonders schlimm tritt die Abhängigkeit von der Mutter auf, wenn sie noch lebt und den Anspruch auf den Sohn nicht aufgibt. Dann kann sich ein Dreieckskampf mit sehr ungleichen Waffen abspielen: Die Mutter umwirbt, verwöhnt und besticht, ruft an, lädt ein, bietet sich als Zuflucht bei Konflikten mit der Partnerin an. Eine junge Frau ist daneben oft hilflos und merkt mit der Zeit, daß ihr Partner die Lage ganz schön ausnutzt. Ihr gegenüber möchte er selbständig und unabhängig wirken. Im Streitfall begibt er sich gern unter die Fittiche der verwöhnenden Mutter. Wenn die Lage sich zuspitzt und sie Ablösung und Trennung verlangt, weicht er aus. Mit der Zeit tut entweder das Alter das Seine, oder Entmutigung und Enttäuschung machen sich beim Partner breit. Ehe ein Muttersöhnchen sich ändert, muß schon viel geschehen – und zwar am besten am Anfang: klare Zuständigkeiten, die keine Einmischung gestatten, und abgegrenzte Reviere, die allzu häufiges Sehen verhindern, fördern auch die innere Selbständigkeit.

8. Mundfaulheit: Alles, was eine Frau erfreut, begeistert nicht unbedingt auch Männer: ein schönes Gedeck aus Blumen, ein unauffällig über die Wohnung verteilter Festschmuck, ein zu Herzen gehendes Gedicht, ein Stück Landschaft, ein Katzenjunges oder eine moderne Graphik. Frauen teilen sich über all diese Dinge, die sie lieben, gern und fließend mit. Männer scheinen oft Schwierigkeiten zu haben, ihre Gefühle auszudrücken und sich überhaupt an kleinen Dingen zu freuen, sie wichtig zu nehmen und diese Wichtigkeiten auszutauschen. Auch Wünsche scheinen sie nicht zu haben.

Wenn man sie rechtzeitig fragt, was sie sich zu Weihnachten oder zum Geburtstag wünschen, antworten sie: ,,Ich habe alles, was ich brauche", und so läuft es denn bald auf die stereotype Krawatte oder das Raucherset hinaus – das Ende aller Geschenkphantasien, die bei soviel Wunsch- und Artikulationslosigkeit mit der Zeit einrosten.

9. Hobbykult: Dagegen blühen die meisten Männer auf, wenn sie auf ihr Hobby angesprochen werden. Und irgendeins haben die meisten: eine Hifi-Anlage oder eine elektrische Eisenbahn, ein Modellflugzeug oder auch nur das eigene Auto, das jeden Samstag geputzt wird, als ob eine Gottheit in ihm versteckt wäre. Es grenzt schon an Götzenkult, was Männer an Zeit und Mitteln in ihre kindlichen Vorlieben stecken. Bald kommt eine Frau sich daneben ausrangiert und nicht gebraucht vor, wenn er sich mit tausend Ausreden in den Bastelkeller oder den Hobbyverein fortstiehlt. Tage und Wochen verbringt er wortlos beim Angeln am Flußufer, beim Segelfliegen in der Luft oder als Freizeitkapitän an der Pinne. Im Glücksfall kann sie ihm helfen oder sogar gleichwertige Partnerin sein, aber sonst sieht es nicht gut in dieser Konkurrenz aus. Sie kann sich nur selbst bald ein Hobby zulegen, das sie ähnlich ausfüllt wie ihn das seine.

10. Schwäche: Das Schlimmste ist: Das, was man ersehnt hat, nämlich, daß er auch einmal schwach sein kann, erweist sich dann, wenn es eintritt, als unerträglich. Ob es sich um die Weinerlichkeit und Wehleidigkeit handelt, wenn er mit einem Schnupfen kämpft oder um Potenzschwäche und die damit verbundenen Ausreden, die das Liebesleben veröden: Männer sollten manchmal schwach sein, aber sie können es so gut und dauerhaft, daß einer Frau die Lust an ihrer Schwäche schon vergehen kann. Männer sind wirklich das schwächere Geschlecht! Schon in der Kindheit sterben Jungen häu-

figer, und das Alter erleben sechsmal soviel Frauen wie Männer. Vielleicht haben all die Imponier- und Herrscherallüren ihren tieferen Sinn. Wenn sie wegfallen, untergraben oder erfolgreich bekämpft werden, tritt eine zarte, dünnhäutige, labile und schwankende Existenz zu Tage, die sich anlehnen möchte und muß. Hier wird die Frau dann schließlich als Pflegerin gebraucht. Sie soll trösten und auffangen, vermitteln und heilen. Männer halten viel weniger seelische und gesundheitliche Belastungen aus, sind schmerzempfindlicher und tiefer in ihrem Selbstwertgefühl zu verletzen, sind krankheitsanfälliger und mehr vom Tode bedroht, zum Beispiel durch den Herzinfarkt, der gerade die Tüchtigen und Vielbeschäftigten am meisten gefährdet. Nun weiß man wirklich nicht mehr, was man sich wünschen soll, einen starken oder einen schwachen Mann. Beides kann gleich gefährlich und schädlich sein. Am besten, man nimmt den Partner, wie er ist, mit seinen Stärken und Schwächen und versucht, beides nicht zu übersehen und rechtzeitig zu erkennen. In einer Partnerschaft – das darf nie vergessen werden – ist der eine nur glücklich, wenn auch der andere glücklich ist. Eine Frau begreift dies eher. Es hängt alles davon ab, es auch dem Mann begreiflich zu machen.

Zehn Unarten, die Männer an Frauen nicht mögen

1. Unberechenbarkeit: Genaugenommen versammeln sich unter diesem Begriff eine Vielzahl liebens- und hassenswerte Unarten, kleine Launen und große Unzuverlässigkeiten, Freude an Überraschungen und Willkürmaßnahmen, Abhängigkeit von Stimmungen und monatliche Reizbarkeiten. Diese letzteren sind immerhin noch leidlich berechenbar, aber durch den übrigen Krautgarten der Gefühle blickt kaum ein Mann durch. Er irrt hilflos dazwischen herum. Wer mag das schon, selbst wenn es dem Leben die Spannung erhält?

2. Subjektivismus: Daß eine Frau die Dinge sieht, wie sie sie eben sieht, wäre nicht weiter schlimm, wenn sich nicht alles in ihr und um sie herum danach zu richten hätte. Ihre Wahrnehmung, ihr Gedächtnis, ihre Darstellung der Wirklichkeit, die sie der staunenden Mitwelt unterbreitet, folgen gleichsam diesem strengen Gesetz der Subjektivität. Was sie sich einbildet, sieht sie, was sie brauchen kann, behält sie, was sie sich wünscht, soll auch wahr sein – und wenn sie die Wirklichkeit noch so auf den Kopf stellen, einem die Worte, die man gesagt hat, im Munde herumdrehen und bis zur Unkenntlichkeit verändern muß. Ein Mann kann nur staunen, bis zu welchem Grade sich die Wirklichkeit verändern und umdeuten läßt. Daß dies gewöhnlich nicht ganz ohne Rechthaberei geschieht, erleichtert die Verständigung nicht gerade.

3. Schwatzhaftigkeit: Wissenschaftlich ist erwiesen, daß schon kleine Mädchen einen weitaus höheren Wortschatz und eine

versiertere Fähigkeit besitzen, damit umzugehen, als Jungen. Diesen Vorsprung hat sie im Laufe des Lebens weidlich ausgebaut und ausgenutzt. Gnadenlos hechelt sie alles durch, sagt alles, was sie weiß (und leider meistens auch noch einiges mehr) jedem, der es hören will oder nicht. Niemand ist sicher vor ihrer Zunge, diesem „unruhigen Übel voll tödlichen Gifts", wie es in der Bibel einmal heißt. Kein Geheimnis ist ihr zu kostbar, um nicht zwischen ihren hurtigen Kiefern zerredet zu werden, und wehe dem Mann, der einmal dazwischengerät, weil er sich ihr vielleicht nicht mit dem erwarteten Respekt genähert, sondern womöglich Kritik geübt, Lack abgekratzt, Unbotmäßigkeit gezeigt hat.

4. Rachsucht: Mag sein, daß Frauen leidenschaftlicher lieben können, aber sie können auch besser und vor allem ausdauernder hassen als Männer. Wer Liebe gar verweigert oder nicht mehr erwidern kann – er hat kaum Gnade zu erhoffen. Und all die Tausende geschiedener oder in Scheidung befindlicher Männer, denen ihre Frauen einmal versichert hatten, daß ihr Geld sie nicht interessiere: Sie werden durch ein Bombardement von Anwaltsbriefen und Gerichtsbeschlüssen vom Gegenteil belehrt. Dies ist – eingestandenermaßen – den Prozeßgegnerinnen auch wichtiger als der eigene Vorteil. „Meistens hat, wenn zwei sich scheiden, einer etwas mehr zu leiden", sagte schon Wilhelm Busch.

5. Stolz: Eigentlich ist er keine einzelne Eigenschaft, sondern ein Resultat, eine Mixtur aus mehreren: Verletzlichkeit und Angst, sich zu verlieren, Arroganz und Furcht vor Demütigung, Scheu, sich etwas zu vergeben und Bewußtsein des eigenen Wertes, den man keinesfalls als zu niedrig eingeschätzt wissen möchte. Aber der Stolz ist das ungeeignetste Mittel, Angst zu überwinden, Schutzbedürftigkeit zu signalisieren und Respekt zu gewinnen. Stolz stößt ab, macht einsam, ist

nicht nur leicht kränkbar, sondern kränkt auch andere, ist im Grunde eine krankhafte Erscheinung. Nur daß Stolz im Märchen allzu oft mit Schönheit gepaart ist, verleiht ihm einen gewissen metallischen Glanz, wie er auch hochbrisanten Waffen manchmal zu eigen ist. Stolz ist eine ungeeignete weibliche Waffe, der gegenüber man lieber Pazifist bleiben möchte.

6. Inkonsequenz: Sie ist gegenüber den vorigen Eigenschaften geradezu liebenswert, aber für sich genommen meistens äußerst unangenehm: ,,Was geht mich mein Geschwätz von gestern an", könnten viele Frauen mit Adenauer sagen. Das gilt ganz besonders in der Erziehung der eigenen Kinder. Eine Frau war es, die Schwedin Ellen Key, die den mütterlichen Erziehungsstil durch einen krassen Vergleich kennzeichnet: ,,Warum lernt das Kind sehr bald, daß das Feuer brennt? Weil das Feuer es immer tut. Aber Mama, die einmal schlägt, die einmal droht. . . , einmal weint, einmal versagt und gleich darauf erlaubt, die das nicht hält, womit sie droht. . . – die. . . es einmal so machte, manchmal so und manchmal anders, sie hat nicht die kräftige Erziehungsmethode des Feuers!" Und so geht es auch auf anderen Gebieten. Bilder werden umgehängt, Möbel umgestellt, Zimmer umtapeziert und umfunktioniert, Frisuren gewechselt, Freunde fallengelassen – einem Mann kann nur schwindeln vor so viel Sprunghaftigkeit und Spontaneität. Sie ist für ihn aufs äußerste bedrohlich und ihm im tiefsten zuwider.

7. Neugier: Wer viel mitteilen will, muß vorher viel erfahren. Die Neugier müßte also eigentlich – als deren ältere Schwester – der Schwatzhaftigkeit und Klatschsucht vorausgehen. Aber da weniger auffällig und aggressiv, fällt sie zunächst nicht störend ins Auge. Doch nichts entgeht so vielen Frauen, und manche Frauen scheinen vier-, sechs- oder

gar neunäugig wie jener wendige Fisch zu sein, dem seine wichtigsten Organe den Namen gegeben haben. Und was die Augen nicht sehen, weiß der Mund zu erfragen, das Ohr zu erlauschen. Dazu haben diese Frauen unweigerlich und untrüglich den siebten Sinn, einen hellseherischen Spürsinn, der den Mann im besten Falle zu naiver Harmlosigkeit entwaffnet. Was die Neugier nicht erspäht, vervollständigt die Unterstellung: Die Bestätigung ihrer Vermutungen ist Frauen oft mehr wert, als die Wirklichkeit auszukundschaften, wie sie ist.

8. Freiheitsberaubung: Offenbar, weil selbst zu Anpassung und Unterordnung dressiert, ertragen Frauen ein undressiertes, selbständiges Wesen schwer neben sich. Hier bilden nur die Frauen eine Ausnahme, die selbst stark genug sind und weder darauf aus, zu herrschen noch sich zu fügen. Die folgende Mischung jedoch kommt häufig vor: Fürsorge zieht Bevormundung nach sich, Dienstbereitschaft ist verkappte Herrschaft. Nirgends ist sie leichter auszuüben als in der Ehe, die darum allzu oft zwar nach außen wie ein Lustschloß aussieht, nach innen aber eine Zwangsanstalt mit ihrer eigenen Art von Psychoterror darstellt.

9. Schlamperei: Wo gibt es eigentlich ein weibliches Gegenstück für Ritterlichkeit und Höflichkeit, die vom Mann als selbstverständlich erwartet werden? Er soll diszipliniert, beherrscht, entgegenkommend, selbstlos und dienstbereit sein und sich in allem um sie drehen. Zugegeben: Die meisten Frauen sind gepflegter, attraktiver, figurbetonter und ordentlicher als die meisten Männer, aber die Ordnung reicht bei vielen nur soweit das Auge reicht.

10. Äußerlichkeit: Human touch, also menschlich Interessantes, Sensationelles und Mitteilbares wie das erste Kind der

Nachbarin oder das zweite der Prinzessin Diana sind für manche Frauen wichtigere Ereignisse als ein Genfer Abrüstungsabkommen oder ein städtischer Bebauungsplan. Der Stil vieler Frauengespräche ist für Männer unerträglich: Oberflächliches Party-Geschnatter, das Themen eben anreißt, um sie alsbald fallen zu lassen und das nächste aufzugreifen. Frauen arbeiten gründlich und korrekt, das ja, aber sie möchten wirken und geben für Wirkung unverhältnismäßig hohe Summen aus (manche Boutiquen-Preise würde ein halbwegs vernünftiger Mann nie zahlen).

Die schöne und runde Zahl zehn sorgt dafür, daß es hier sein Bewenden hat, und ich möchte damit zu jener Tugend zurückkehren, die man sich von Männern und Frauen gemeinsam wünscht: Geduldige Toleranz im Hinnehmen der Fehler, die nun offenbar einmal schwer zu überwinden, wenn überhaupt zu ändern sind. So werden wir auch wohl weiter miteinander leben müssen, und sei es nur mit dem Resultat, daß wir es weder miteinander noch ohne einander über längere Zeit aushalten.

Anhang

Wie bedroht ist Ihre Partnerschaft?

Beantworten Sie sich ganz offen folgende Fragen. Bitte kreuzen Sie Zutreffendes an:

	oft	selten	nie
1. Sagen Sie „wir", wenn Sie von sich und Ihrem Partner sprechen?			
2. Lachen Sie richtig und herzhaft zusammen?			
3. Entscheiden Sie über Alltagsprobleme gemeinsam?			
4. Streiten Sie und kommen dabei nicht vom Hundertsten ins Tausendste?			
5. Gehen Sie nach dem Streit auf den andern zu und versöhnen sich?			
6. Unternehmen Sie in der Freizeit gemeinsam etwas?			
7. Tauschen Sie Ihre erotischen Gefühle und sexuellen Wünsche aus?			

	oft	selten	nie

8. Wissen Sie vom andern, ob und wann er beglückt und befriedigt ist?

9. Berühren Sie sich spontan, kuscheln Sie miteinander und küssen Sie sich?

10. Haben Sie ähnliche weltanschauliche, religiöse und politische Überzeugungen?

11. Fühlen Sie sich gleichwertig und gleichberechtigt?

12. Sprechen Sie miteinander und kommen Sie dabei beide zu Wort?

13. Sind Sie bereit und fähig, dem anderen zuliebe Ihre Gewohnheiten zu ändern?

14. Ist Ihnen der Partner/die Partnerin wichtiger als Ihre Blutsverwandten?

15. Können Sie Konflikte mit Humor lösen?

16. Treffen Sie wichtige Entscheidungen gemeinsam?

17. Haben Sie gemeinsame Lebensziele?

18. Entscheiden Sie in Ihren Bereichen selbständig?

	oft	selten	nie
19. Sagen Sie Ihrem Partner/Ihrer Partnerin spontan etwas Nettes?			
20. Sind Sie sich über die Erziehung der Kinder einig?			
21. Können Sie über sich lachen, Kleinigkeiten nicht so wichtig und Mißlichkeiten von der heiteren Seite nehmen?			
22. Zeigen Sie Toleranz, d.h. können Sie den anderen akzeptieren, wie er ist?			
23. Sind Sie bereit, sich bei Konflikten zu ändern, oder verlangen Sie vom anderen, daß er sich ändert?			
24. Gönnen Sie dem anderen, daß er auf manchen Gebieten besser ist, und empfinden ihn nicht als Konkurrenten?			
25. Lassen Sie den anderen ausreden?			
26. Nehmen Sie die Wünsche des anderen so wichtig wie die eigenen?			
27. Kommen Sie mit Ihrem Geld aus und verfügen Sie gemeinsam darüber?			

	oft	selten	nie
28. Denken Sie sich für Ihren Partner/Ihre Partnerin einfach nur so ein Geschenk aus?			
29. Geben Sie Ihre Schwäche zu, wenn es Ihnen schlecht geht?			
30. Macht es Ihnen Spaß, den anderen glücklich zu machen?			
31. Halten Sie sexuelle Treue für unbedingt notwendig?			
32. Sind Sie sprachlich gleich ausdrucksfähig und ausdrucksfreudig?			
33. Ist es Ihnen wichtiger, eine gute Ehe zu führen, als selbst glücklich zu werden?			

Für jedes Kreuzchen unter „oft" zählen Sie 2 Punkte, unter „selten" 1 Punkt, unter „nie" 0 Punkte. Jedes „Ja" bewerten Sie mit 2 Punkten, ein „Nein" mit 0 Punkten.

Haben Sie 51 – 66 Punkte erreicht, ist Ihre Partnerschaft sehr gut und stabil. Zwischen 21 und 50 Punkten ist sie durchschnittlich und nicht frei von kritischen Punkten, die zu Krisenursachen werden können. Zwischen 0 und 20 Punkten ist Ihre Partnerschaft auf längere Sicht bedroht. Wahrscheinlich brauchen Sie eine(n) Berater(in).

Weitere Titel aus dem humboldt-Programm

Lebenshilfe & Psychologie

Depressionen	ht	431
Schluß mit dem Rauchen!	ht	572
Welche Farben stehen mir?	ht	577
Körpersprache verstehen	ht	590
Flirten – aber wie?	ht	606
Selbstsicher – Selbstbewußt	ht	609
Positiv denken und leben	ht	622
Selbstverteidigung für Frauen	ht	634
Trennung bewältigen	ht	644
Linkshändig? Ein Ratgeber	ht	669
Optimist werden!	ht	704
Alternative Therapien	ht	713
Kennwort Liebe	ht	714
Mut zur Lust	ht	718
Alltagsängste aus eigener Kraft überwinden	ht	742
Witwe sein ist anders	ht	743
Die Sucht, mager zu sein	ht	744
Sympathie gewinnen	ht	745
Wenn die Seele trauert ...	ht	749
In meinem Alter ...	ht	763
Befreien Sie sich aus der Streßfalle	ht	780
Diagnose Krebs	ht	781
Aromatherapie – Düfte für die Seele	ht	792
Zur Schwäche erzogen – zur Stärke geboren	ht	795
Focusing	ht	1062
Denken, Wollen, Handeln/NLP	ht	1064
Trennung auf Zeit – eine Chance für die Beziehung	ht	1065

Konzentration & Gedächtnis

So lernt man leichter	ht	191
Gedächtnis-Training	ht	313
Superlearning	ht	491
Gutes Gedächtnis	ht	639
Besser konzentrieren	ht	672
Besser lesen, verstehen, behalten!	ht	673
Super lernen	ht	715
Welcher Lerntyp bin ich?	ht	756
Verflixt, das darf ich nicht vergessen!	ht	935
Verflixt, das darf ich nicht vergessen! Band II	ht	960

Psychologie

Traumbuch	ht	226
Handschriften deuten	ht	274
Psychologie-Lexikon	ht	927
Psychotest Streßmanagement	ht	958
Psychotest Zeitmanagement	ht	959
Abenteuer Traum	ht	1063

Eltern und Kind

Kinderspiele	ht	047
Taschenbuch der Vornamen	ht	210
Schwangerschaft und Geburt	ht	392
Vornamenbuch	ht	505
Gymnastik für Baby und Kleinkind	ht	602
Schöne Lieder für Kinder	ht	610
Ich werde Vater	ht	630
Kinderspiele für unterwegs	ht	631
Haltungsgymnastik für Kinder	ht	741
Zaubergarten und Lieblingswiese/Entspannung für Kinder	ht	759
Zaubergarten und Lieblingswiese/ (Buch/Cassette)	ht	810
Schwangerschaft bewußt erleben	ht	760
Spaß mit Klängen, Tönen und Geräuschen	ht	782
Spaß mit Klängen, Tönen und Geräuschen (Buch/Cassette)	ht	811
Allergien bei Kindern vorbeugen	ht	790
Kinder heilen mit Homöopathie	ht	791
Hilfe, mein Kind hat schlechte Noten	ht	1067
Rückbildungsgymnastik – der Weg zur guten Figur	ht	1068